★かんがえるタネ★

うおつか流
食べつくす！

一生使える台所術

魚柄仁之助

農文協

まえがき

食べるとはどーゆーコト？　ここからこの本作りが始まりました。食べられるのに食べずに捨てられる廃棄食糧＝食品残渣の多いニッポンでは、食べ「つくす」ことを食育の一部として進めているようです。ある自治体では会食の時には最初の30分はしっかり食べよう、そして最後の10分は残らないようしっかり食べつくそう、というような運動まで提唱しています。また、家庭で余った食料品を持ち寄って、それらを必要としている人々に渡すフードバンクや、それらを使ったこども食堂などの活動も盛んになってきました。

食べ物を捨てるのは良くないことだ。その料理を作ったヒトのことを考えよう……

その作物を生産した農家、魚介類を獲って来た漁民に感謝をしよう……

と言われれば「そりゃ当然のこと」と誰もが思うわけですが、言われなきゃワカランという想像力の無さも今日の現実かもしれない。だから食育の先生たちは出された料理を食べ残さないことを教えているのでしょうが、よく考えてみるとその食育は「食べつくすためのモラル」教育ではないでしょうか。言い換えるなら「きれいに食べつくすためのお行儀教育」です。

それはそれで大切なことですが、もっと根本的なのはあらゆる食材を食べつくせる状態に調理・加工できる技術を持つことではないでしょうか。食材を傷めないように、美味しく食べられるように加工できる技術があれば、むざむざ冷蔵庫の中で食材を腐らせてしまうこともありますまい。

そこでこの本のタイトル『食べつくす！』です。採れすぎて持て余してしまう胡瓜（きゅうり）も、パサパサして食味の良くない鶏のムネ肉も、お金がなくて食材が買えない時でも、食べつくせる技術を身に付けておけばすべて食べつくせるのです。そこに「食品の廃棄」はありません。

「植物や動物の生命をいただくのだから食べ残してはイケナイ」というモラル食育から、「どんな食材でも美味しく食べつくせるように調理加工できる」というスキル食育に転換する時

……それが、今でしょ？

目次

【其の三】

大豆 de チーズとマヨネーズ in 70's の巻

【其の四】

路上自炊のばんごはん参加記録 in 80's の巻

【其の五】

不人気・タイ米を引き受ける in 90's の巻

【其の六】

ブロイラーが地鶏、ムネ肉がサラダチキンに!?

【今日からできる台所術】

【其の一】

朝採れ胡瓜・月１００本との闘い　の巻

★1ヵ月100本の苦行

連日35℃を超える猛暑・酷暑の7～8月の月曜日には、毎週20～30本の胡瓜(きゅうり)が団体でうちの台所にやってきます。その日の朝、標高800メートルの長野県でもぎ取った胡瓜をまるで担ぎ屋のようにリュックに詰め込んだ同居人が、新幹線でよっこらしょと目黒のわが家まで産直?しておるのです。いくら朝採れ胡瓜とは言え、うちに着くころには胡瓜も汗をかいております。ここはひとつつべた～いお水で行水していただくのが人の道というものでしょう。

グニャッと曲がったのやら、ちっちゃいの(地這い胡瓜)、採り忘れて巨大化しちゃったの、折れてしまったの、これらが毎週毎週30本……。日照不足とかで、胡瓜が不作になり、値段が高くなった時は「ありがたや～」と思ったものの、これが毎週月曜日に届くとなりますと、「うらめしや～」という気持ちにならないこともない。

薄切りにして野菜サラダを堪能するなんて、そりゃ最初の1、2本なら美味しかろう。しかし、1週間=7日間で30本の胡瓜を消費しなくてはならない、ということの状況は、1日に4本以上の胡瓜を食べるということなんですねー。これが7～8月と続くということなんですねー。テレビなんぞで「熱中症予防のために塩胡瓜もおススメです」とか言ってるし、「昔の子供は胡瓜に味噌をつけて食べるのが夏のおやつだったもんだ」、なんてのもごもっともでございましょうが、１ヵ月間で１００本以上の胡瓜を食べつくすというのは、食生活と言うより修行とか、苦行というものではないでしょか。

★週に1回の介護＋援農帰省

そもそも胡瓜をもらうために同居人は長野に帰省しているのではありません。子供３人が東京に出てから40年、夫と死別してから30年、独り暮らしを続けてきた義母も御年94歳。農家の嫁として70年間農業と子育てに追い回されてきました。そんな農村も御多分に漏れず過疎化が進み、かつてはたくさんいた子供たちもほとんどいなくなっています。学校は統廃合され、ＪＡ（農協）や郵便局、日用雑貨店なども次々と撤退していき、現在では日用品のお買い物も週に1～2回やってくるＣＯ-ＯＰ宅配頼みの状態です。車の免許も無い老人の独り暮らしを成り立たせるのは難しいのです。

同居人の兄や姉は東京で家庭を持ち子供を育てているため、盆や正月以外に長野に帰ることもなかなかできないそうです。そんなことでこの10年くらいは同居人が金曜の仕事が終わり次第長野へ行き、月曜の早朝、長野を出て東京の会社に直行するというパターンが定着してまいりました。金・土・日の3日間、長野で母の生活を手伝い、農作業を共にすれば本人もやる気を起こすようで、「足が痛い」とか、「腰が痛い」とか言いながらも日常生活が営めております。

　このような週末帰省型介護＋農作業生活を何年もやっていますと、農業の底力というものがわかってきます。「足腰がイタイ」老人が一人で作れる範囲の農作物がなんと！　都会生活者何十人でも食べきれないくらいの生産量なんですねー。

　胡瓜、トマト、茄子（なす）、冬瓜（とうがん）、夕顔、大豆（枝豆）、小豆、大根、人参（にんじん）、南瓜（かぼちゃ）、じゃが芋、オクラ、ズッキーニ、茗荷（みょうが）、ブロッコリー、玉葱（たまねぎ）、白瓜、西瓜（すいか）、トウモロコシ……きりがない。収穫できた野菜類は宅配便などを利用して東京の子供や孫に送ってますが、とても食べきれない。何十種類もの野菜を作っているだけでなく、春や秋には筍（たけのこ）、蕗（ふき）、蕨（わらび）、山葵（わさび）、きのこなどの山菜類も山のように収穫できる。これもまた老婆一人で処理（食べるというより処理という言葉の方が適切です）できるものではありません。

また、収穫できるというより収穫しないといけないのです。収穫しないでいると蕗（ふき）や独活（うど）や竹が生い茂ってしまって「やぶ」になっちゃう。やぶになって人手が入らなくなるとイノシシやシカ、タヌキなどの隠れ蓑（かくれみの）になっちゃう。これ、鳥獣害のもと。ま、このような理由もあってうちの同居人は鳥獣害から守るためにも「週末介護援農隊」を続けておるのです。収穫できた作物はとにかくマメに運んで調理して食べ続けるのが大事なことなのだ。

採れた野菜を溜めておいて宅配便で送ると鮮度が落ちて美味しくないし、お金もかかる。東京のヒトに言わせると「宅配料金を考えると東京のスーパーで買った方が安い」となる。そう言われたら田舎暮らしの老人は野菜を送りづらくなる。

でも「食べる人もいないのならもう野菜作りはやめよう」という事態に至ってしまっていいのでしょうか。年間何十種類もの野菜を作り、山菜を採ってはいるものの、90を超えた独り暮らし、周りも老人ばかりの村ですから、その野菜を消費する人がいない。困ったもんだとしかめっ面したり、音（ね）を上げるより、可能な限り毎週親の生活を手伝いに帰省し、そのついでとして「担ぎ屋」的に東京へ持ってきて家で加工して食べつくしてしまおうと考えたんでした。

そうなるとがぜん張り切ってしまうんですな、ワタシ。どっかのグルメさんみたいに「美味しいものを取り寄せる」ことには興味がない。今、ここにあるものをいかにして美味しく食べきることができるか？ に興味があった、子供の頃から。しかもここにあるものというより、ここであり余ってしまっている物をいかにして美味しく飽きずに食べつくすことができるか？ が好きだった、子供の頃から。だから、胡瓜１００本でも蕨5キロでもドーンと受け止めたんですな。「かかってきなさいっ」と。

さて話を戻しまして……今日も今日とて、長野県の標高８００メートルの農村にある実家で、同居人が月曜の朝4時に起きて東京の会社に出社する準備をしていると、お隣のおばあさんがやってきて「東京に持って行きやぁ〜」と採り忘れて巨大化した胡瓜10本くらいを持ってきてくれる。独り暮らしの老人ですから自分ではあまり食べない。でも胡瓜は次から次に実がなってゆく。胡瓜は一晩で数センチも伸びますから、たちまち巨大胡瓜になっちゃうんですね。そんな日にゃ実家での朝採れ胡瓜30本＋お隣さんの胡瓜10本を背負ってくることになる。暑くなるとこれでもかっ！ と実る胡瓜ですから、独り暮らしの老人はもて余し、それが東京へ……。

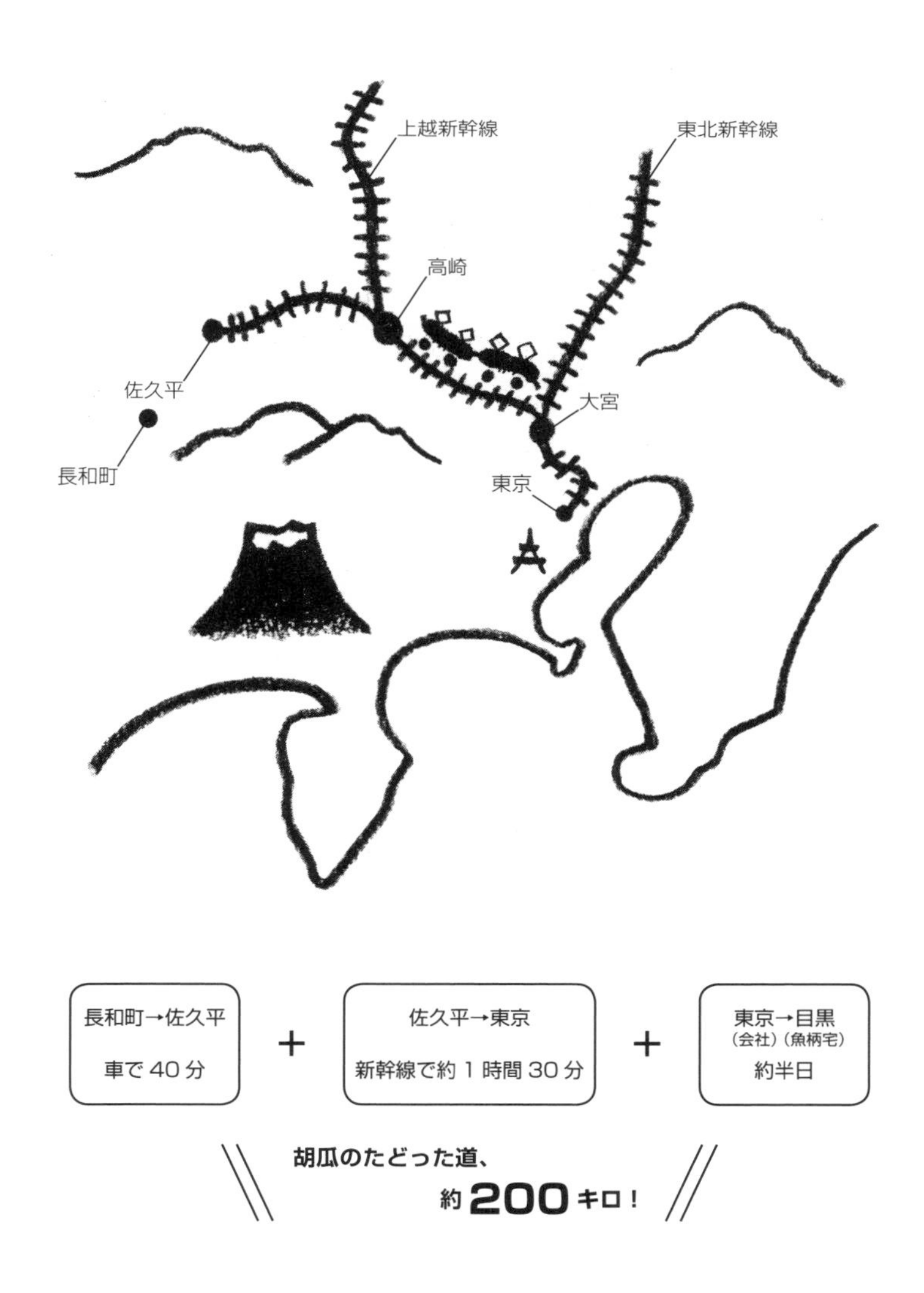
上越新幹線
東北新幹線
高崎
佐久平
大宮
長和町
東京
長和町→佐久平
車で 40 分
＋
佐久平→東京
新幹線で約 1 時間 30 分
＋
東京→目黒
（会社）（魚柄宅）
約半日
胡瓜のたどった道、
約 200 キロ！

胡瓜に続いてやってくるのが完熟のトマト。これも毎週20～30個はやってくるし、その次にくるのは茄子。間をぬってオクラやズッキーニ、茗荷にインゲン……。このようにして毎週月曜には、何とか消費しなければならない「旬の野菜類」が山積みになるのです。もはや同居人も仕事用のカバンのほかに、野菜用の特大リュックを持って毎週金曜の新幹線に乗っているのです。

過疎の農村から高い新幹線代を払って運んできた胡瓜ですから、「食べつくしスペシャリスト」である私が間違っても腐らせるなんてことはデキマッセン。ありとあらゆる調理術、保存術を駆使しまして食べつくしておるのです。

★胡瓜の対策法

何はともあれ、到着した胡瓜は水洗いして、土間に並べた大きなざるで一晩乾かします。まず洗って乾かす……、これが鉄則です。こうした方が傷みにくい。翌朝、朝ごはんが終わってから表面が乾き始めた胡瓜との闘いが始まるのです。

長期保存漬け

どうあがいたところで素早く食べきれるような量ではありませんから、長期保存用として強塩（こわしお）保存漬けを作ります。これは数ヵ月間傷まないように保存する塩漬けですから、皮付きの胡瓜に塩をたっぷりまぶして容器に入れておきます。2～3ヵ月から半年くらい経って酒粕に漬け直すと胡瓜の酒粕漬け（奈良漬け風）ができますから、その準備みたいなもんですね。

長期保存漬けにしておいても途中で取り出し、丸一日真水に浸けておくと塩が抜けますから、あっさりとした胡瓜の浅漬けとして食べることもできます。

酒粕漬け

酒粕漬けは強塩保存漬け胡瓜をサッと洗い、水を拭き取ってから酒粕の中に潜らせます。酒粕の種類（練り粕、板粕）にもよりますが、2ヵ月～1年保存可能です。長く漬けたままにすると奈良漬け風になります。

酒粕漬けに使う酒粕は搾りたての「新酒粕」ではよろしくない。1～3月頃に出回る新酒粕を夏を越すまで冷蔵保存しておいた酒粕を使います。この間に酒粕が熟成してコクと深い味のある「練り粕」に変化いたします。このように寝かせた酒粕は甘味が出ていますので、砂糖などの甘味料は用いる必要がありません。ちなみに奈良漬けにもこのような酒粕を使います。

長期保存用を漬けましたら、次はすぐ食べる料理や短期保存漬けに入ります。すぐに食べるには硬い皮は剥いた方が食べやすいのと、味が染み込みやすいので、ピーラーを使ってスースイと皮を剥きます。そこで……

胡瓜の皮きんぴら

剥いた皮は物によってはちょっと苦いものもありますから一度塩で軽く揉み、水洗いしてから、胡麻油で炒めますの。いわゆる「きんぴら」ってとこでしょうか。胡麻油が回ってしんなりしてきたら、塩＋味醂、または味噌＋味醂で味をつけてよーく水分を飛ばしますと保存性がよくなります。甘いのが好きな方は味醂のほかに砂糖のような甘味料を入れるとよろしいでしょう。

浅漬け・ラー油漬け

さて、皮を剥いた胡瓜は2センチぐらいに切り、薄塩をまぶしてから保存容器に入れておくと、浅漬けとして、サラダとして毎日食べられますね。ただ薄塩だから日持ちがよろしくない。だいたい2~3日で食べきるようにしています。これを長く持たせようと思ったら、塩のほかにラー油を垂らしてピリ辛ラー油漬けにします。大人の味です。ビールのおつまみです。中華料理に使えます。

サラダ漬け

あっさり系ドレッシング味が好みの方は塩をまぶした胡瓜に、柑橘類（柚子（ゆず）、レモン、蜜柑（みかん）など）のしぼり汁とサラダ油がおススメです。瓶に入った穀物酢でもできますが、柑橘類（かんきつ）の酸味が効いていると、胡瓜の甘味が感じられますの。基本形は、塩＋柑橘汁＋サラダ油。後はお好みでペッパーなどの香辛料をお使いください。

炒め胡瓜

中華料理や西洋料理では、炒めたり煮たりした胡瓜がよく見られます。麻婆豆腐のようなピリ辛系炒め物に、薄塩胡瓜がよく合うのです。

乱切りにして薄塩漬けにしておいた胡瓜を胡麻油と刻んだ大蒜（にんにく）で炒めますと、中華気分満載のお惣菜ですね。

胡瓜のミルク煮

この料理は昭和3（1928）年の『噛んで含める料理の仕方覚え方』いう料理本に出ておりました。簡単に言うと、胡瓜のホワイトソース煮ですな。油で炒めた小麦粉に牛乳を加えたホワイトソースで塩胡瓜を煮るものと書かれていましたが、そんな面倒なことしなくても、牛乳と小麦粉を混ぜて鍋に入れ、弱火にかけてかき混ぜると簡単にホワイトソース（もどき）ができますので、そこに塩漬け胡瓜を加えればできちゃいました。これ、胡瓜の独特なにおいが消えて文字通り「バタ臭い」洋食の味になりました。

下ろし胡瓜の冷や汁

これは生胡瓜で行います。夏の暑い日にゃ熱い味噌汁が嫌になることもありましょう。そんな時に味噌汁を冷やしておいた「冷や汁」が喜ばれます。宮崎や埼玉の郷土料理として有名な冷や汁には輪切りの胡瓜が使われますが、この時に摺（す）り下ろし胡瓜を入れてみてくださいまし。ウリ科植物の独特な香りがして暑気払いになります。

戦時中の兵食を賄（まかな）っていた糧抹廠（りょうまつしょう）の雑誌『糧友』昭和14（1939）年8月号には、この摺り下ろした胡瓜にシロップ（砂糖水）と氷を浮かべた胡瓜水というレシピが紹介されていました。生水を飲むと腹をこわす危険があるため、胡瓜に含まれる水分を飲むことから考案されたのでしょう。お味の方は西瓜（すいか）ジュースにも似たようなふしぎ？ な味でございました。

ペコロス（ピクルス）

大正7（1918）年の料理本『日々のお惣菜』（秋穂益實 著）に載っていました。大正時代の料理本にはもうピクルスも載っていたんですね。作り方はいたってカンタンです。桂皮（シナモンとかニッキ）と丁子（クローブ）を入れた酢をひと煮立ちさせ、それを冷ました中に塩漬けにした小口切りの胡瓜を漬けます。

本にはこれだけしか書かれていませんが、当然保存用の瓶は十分に洗浄して、いったん煮沸してから使います。また、このレシピには砂糖が使われていませんでしたが、砂糖を使った方が保存性も味もよくなります。

薄切り瓶うに和え

うちの同居人が標高800メートルの海なし県からせっせと胡瓜を担いできたその日、「刺し身が食べたい、海のモンが食べたい！」と訴えましたの。毎日山のモンばかり食べていたんですからその気持ちはよーくわかるので、蛸と胡瓜の和え物でどーだっ！　というつもりでいたのですがぁ……。

いつもの魚屋が「今日はすすめられるような蛸はナイッ」と言うもんですから困っちまった。で、蛸がないなら同じ海産物で誤魔化しちゃえと、瓶詰の練りうにでうす切り塩揉み胡瓜を和えてみたんですな。

うす切りの胡瓜に粗塩を振り、手で揉むとたちまち水気が抜けます。これをよく絞って瓶詰の練りうにを全体にまぶし、冷蔵庫で冷やす。ま、蛸胡瓜とはかなり違いますが、海鞘胡瓜に似ていましたね。

オタフクソース一夜漬け

どんなソースでも構いません。ただうちにいただき物のオタフクソースがあったから使っただけです。生の胡瓜をザクザクと切って保存容器に入れ、ヒタヒタまでソースを注ぎ込み、一晩冷蔵庫に入れておくと甘酸っぱい即席ピクルスのような漬物ができます。

漬物は和食。だからソースは合わないだろう？　と言われることもありますが、日本人は英国から入って来たウスターソースを本来の使い方（料理の下味付けに使う）ではなく、醤油同様の「漬けて食べる調味料」と認識しました。こうして作られるようになった国産のソースは基本的に醤油をベースとした、醤油に似た物が多くなった。だからソース（ウスターソースなど）を漬物に使っても違和感なく受け入れられるのではないでしょうか。

ちなみにこのオタフクソースは同社の出版した食文化の本に原稿を書いた時のお礼としていただいたもので、ほかに使い道がなかったの。

胡瓜の天ぷら

これは明治42（1909）年に出版された『家庭料理通』という本に載っていた料理です。胡瓜と言えば水分が90％以上ですから油で揚げるなんて……と思ったものの、昔の人は水っぽい大根の天ぷらなどもなさいますから、ここはひとつだまされたと思ってやってみました。縦二つ割りにした胡瓜の種をスプーンでこそぎ取り、3センチぐらいの長さに切って水溶き小麦粉の衣をつけ、ごく普通の天ぷらにいたします。酢味噌、炒り胡麻（または摺り胡麻）、刻んだ紫蘇（しそ）の葉を付けて食べます。

揚げたてアツアツの天ぷら胡瓜なんてなかなか想像つかないかもしれませんが、サクッとした食感、じゅわ〜っとした味の広がりがあります。これはヤッパ、胡麻と酢味噌無くしては語れない珍味でしょう。まぁお盆などにいただく精進揚げの一種ですね。

胡瓜の摺りナッツ和え（胡桃・落花生・胡麻）

94歳の義母は落花生も作っております。地元では落花生とは言わず「ぢまめ」と呼びます。「ぢまめ」の収穫後、十分に乾燥させておくまではやってくれるものの、調理するとか食べるということはしない。となると「ぢまめ」は新幹線で目黒にやってくることになる。それを茹でたり、炒ったりして殻を剥く。でもそのままじゃ傷みやすいからフライパンで炒りなおした後、摺鉢（すりばち）で摺っちゃうのだ。長野からやって来た「ぢまめ」も胡桃（くるみ）も、荏胡麻（えごま）もこのように摺っておくと使い道が広がってきまして、胡瓜料理にも活かせるのです。

塩漬けにしたざく切り胡瓜の水気を拭き取り、摺った「ぢまめ」をたっぷりまぶしておくと水っぽい胡瓜がコクのある胡瓜に変身するんですな。これは塩漬け胡瓜の水気をよく拭いてから作るのがコツですね。

胡瓜の昆布〆

昆布〆って鯛とか鮃（ひらめ）などの刺身を昆布で挟んでおく調理法ですが、実は胡瓜にもすこぶるお似合いなのです。縦二つに切った胡瓜に塩を振り、その断面に昆布を挟んでラップできつく巻いておきますと、高級胡瓜浅漬けができます。いたって上品なお味ですからオモテナシ料理に使うと、もしかしたら尊敬されたり、好感を持たれることも期待できます。使い終わった昆布は翌日の味噌汁に使えばまだまだ十分に出汁が取れますから、無駄にはならんのです。

胡瓜のカレー煮（カレー粉＋味噌）

明治から昭和の料理本には「胡瓜のカレー煮」や「胡瓜のカレー炒め」がよく登場いたします。基本的には煮干しや昆布の出汁でざく切りにした胡瓜を煮てカレー粉で仕上げるというものですが、おススメなのがカレー粉＋味噌で煮ることです。胡瓜がかぶる程度の少ない出汁で煮はじめ、味噌と同量くらいのカレーパウダーで仕上げるとウマミとコクの混じったカレー煮ができあがります。これはカレー粉が強烈に効いていますから、ウマイ！　カライ！アツイ！　そして保存性に優れているという特徴があるのです。

茹で鶏皮と胡瓜の辛子和え

鶏のムネ肉やモモ肉を買うと表面に皮が付いています。この皮をエイッとむしり取って、じゃが芋や人参を茹でる時に一緒に茹でるんです（保温調理の項131頁参照）。こうしますと鶏皮が軟らかくなるのと同時に鶏の出汁が出ますから、茹で根菜にもウマミが付く。おまけに茹で汁は鶏の出汁＋野菜の出汁の美味しいスープになってるから「大もうけ気分」ですね。

こうして下茹でした鶏皮を茹であがりの熱いうちに細切りにして、すかさずタレに漬け込んじゃうと、鶏皮が冷める時にタレの味が染み込んでいくんですな（これも保温調理の原理の利用ですが）。一見脂っぽく思われる鶏皮も、茹でてタレに漬け込むとさっぱりとした味わいになるのです。醤油＋柑橘類のしぼり汁＋芥子や山葵などのタレがおススメです。

このような処理をした鶏皮と塩胡瓜や薄切り胡瓜って、相性がいいので昔から料理の本にはよく登場してきました。うちでは茹でた後、タレに漬け込みますが、料理本には茹でただけの鶏皮と薄切り胡瓜を練り辛子で和えるだけのものもよく見かけます。


消費するのにヒーヒー言ってた月に１００本の胡瓜も、お盆を過ぎると木が枯れてきて打ち止めとなります。もうこれっきりかと思うとさびしい……なんて感傷に浸ってはいられません。完熟トマトと丸茄子、秋茄子攻勢が始まり、夕顔、冬瓜、南瓜と続いてやってくる。南瓜なんざ去年の種が勝手に芽を出し、畑にゴロゴロできちゃってるから放っておけば腐っちゃう。しかも野生化したような雑種南瓜ですからそんなに美味しくはない。これを何とか美味しく腐らせずに食べつくすのが、秋から冬のわが家＝「目黒野菜再生工場」のお仕事なのです。

ちょっと話が大きくなりますけど、２０１９年より国連で「家族農業の10年」キャンペーン中です。食糧生産を担っているだけでなく、雇用の確保、環境保全、貧困撲滅に役立っているのは巨大食糧企業ではなく小さな単位の家族農業だそうです。家族農業が成り立たなくなるとホントーに食糧は一部の巨大企業、権力者に牛耳られてしまうでしょうから、家族農業を守るための活動が世界各国で地道に行われています。そのような家族農業を支える行動の一つに、食べ手がいない農産物を食べつくし続けることも含まれると思っております。

でも現実問題として農産物を食べつくすスキル無しでは、家族農業を守るのは難しいのではないでしょうか？

【其の二】

古漬け野沢菜・沢庵の再生法の巻

★酸っぱくなった「お葉漬け」をどうする？

信州の漬物と言えばなんてったって野沢菜でしょう。うちの同居人の里では野沢菜と言わず「お葉漬け」と呼ぶようです。このお葉漬け、種をまくのが秋頃で収穫するのが12月の「霜が降りた後」なのです。これを漬けますと年末から年始が食べ始めとなり、2月いっぱいがお葉漬け三昧期間となるのです。

収穫した野沢菜は水洗いした後、塩をたっぷり摺り込んで直径70センチくらいの大きな樽に漬け込んでゆく。これを同居人の母は70年も続けてきてますから、年季の入り方が違います。足や腰が痛かろうが、年末になると体がお葉漬けに向かって動いちゃうのでしょう。1月、2月のさぶい時期に美味しいお葉漬けを食べられるのはありがたいことですが、3月後半のお葉漬けが困り物なんですね。

年末頃は「今年のお葉漬けはうまく漬かっただにぃ」と喜び、正月にはお葉漬けをつまみにお酒を楽しんでいたのに、これが3月後半になりますと、つれない対応に変わってしまうのです。一つには「食べ飽きた」ことが挙げられます。そして3月に入ってだんだん気温が上がってきますと、お葉漬け樽に張っていた氷も融(と)けてきます。こうなると乳酸醗酵(はっこう)が進み、酸味が出てくる。いわゆる「古漬け」化してきているんですね。わかりやすく言うと、酸っぱくなり始めてるのです。これは本場のヒトにしてみればもはや食べるに値しないものでもあるようで、ほとんど手を付けないまま、やがて廃棄処分してしまうんだそうな。古漬け↓酸っぱくなった野沢菜↓もう食べない……。

なるほど、本場のヒトはそうかもしれませんが、福岡で生まれた私にしてみると酸っぱくなってきた野沢菜って九州の高菜漬けに似てるんですね。なぜか九州では高菜漬けの酸っぱくなったのを細かく刻んで胡麻油で炒めて食べておりました。東京でも九州ラーメンの店に行くとこれをトッピング用に置いている店があります。それを思い出し、この酸っぱくなった古漬けお葉漬けをもらって帰り、せっせと刻んで、唐辛子＋大蒜(にんにく)＋胡麻(ごま)油で炒めてみますとこれが大成功！　保存性のいい作り置き惣菜になるし、冷凍保存もできるし、一番よかったのは信州名物おやきの具にできたことでした。後々いろんな人におやきのことを聞いてみたところ、古漬けになった野沢菜を炒めて使うという人もいましたから、間違ってはいなかったんだ。

お葉漬けの古漬けをこのように加工し始めてからもう30年くらい経ちますので、今ではなくてはならぬ初春の味として定着しております。お葉漬けの古くなったのは食べつくせるどころか、定番のお惣菜になりましたが、次に困ったのが古漬けの沢庵(たくあん)でしたの。

★歴史に学ぶ沢庵の有効利用法

沢庵の作り方を簡単に説明するとこのようなものです。

大根を干す。といってもカラカラになってはいけない。グニャッと曲がる程度に干す。この大根に塩と米糠(こめぬか)を混ぜて漬け込む。大ざっぱですがこうやって漬け込みます。

沢庵漬けの場合には野沢菜と違って米糠がたくさん使われていますから、時間の経過とともに沢庵独特のにおいが立ち上るようになります。これが古漬けになりますと人によっては「やめてっ!」と逃げたくなるようなにおいになるのです。欧米人が嫌がるのもこのにおいだと思われます。

近頃市販されている沢庵はそんなに手間ひまかけて米糠などで漬けたりしませんから、においとて大したことはありませんが、うちの同居人が持ち帰ってくる沢庵は生半可なにおいではありません。1年以上経ったものもあり、かなり醗酵(はっこう)している沢庵といってもいいでしょう。これをこのまま欧米人に食べさせたら「虐待」と思われかねないくらいのにおいがする。

どーする？　捨て……てしまうようじゃ芸が無い。

こんな時は先人たちのお知恵を拝借するに限ると考え、手持ちの文献を漁ってみましたところ、結構あるんですねー、古漬け沢庵の再生法みたいなのが。

単純な沢庵再生法

まず最初に試みたのが明治36（1903）年に書かれた本に出ていた方法です。これは簡単明瞭、すぐに実践できました（原文のままだとわかりづらいので手を加えています）。

酸っぱくなったりしょっぱくなった沢庵は薄い小口切りにして水の中でよく揉（も）みます。

これを堅く絞って下ろし生姜と生醤油をかけると美味しく食べられます。また、砂糖を加えた酢をこれにかけて、粉山椒（こなざんしょう）を振りかければなおよろしいのです。

お次は、大正3（1914）年の料理本からです。

沢庵を細かく短冊に切ってしばらく水に浸けて塩を抜く。水を切ってから味醂（みりん）＋醤油に漬け込み、ふたをして冷暗所に4〜5日置いておけば美味しく食べられます。

沢庵のソース漬け

昭和13（1938）年の婦人倶楽部附録料理本『春夏秋冬　家庭料理大全集』に出ていました。

沢庵をなるべく薄い小口切りにして、水の中で4〜5回揉み洗いをする。洗いすぎると味が抜けるので、酸味を除く程度に洗う。胡瓜の薄切りと刻んだ紫蘇（しそ）の葉を塩揉みして水気を除き、水をしぼった沢庵と一緒にウスターソースに浸せば1時間後に食べられます。

昔の料理本に書かれた古漬け沢庵の再生法はだいたいこのように

①水で洗って酸味、臭みを抜く、②酢やウスターソースによる新たな酸味で覆い隠す

といった手法だったのです。

古漬け沢庵料理の決定版、鯖の沢庵まぶし・鯛の沢庵和え

古漬けは酸っぱくて臭いから水の中でよく洗い落としてから食べる……これは間違っていないが今一つ何かが足りない気がしまして、あれこれ試してみたところ、「こいつはまいった」並みの調理法が見つかりました。大正13（1924）年の本と昭和11（1936）年の本で見つけた沢庵と刺身のコラボ料理だったのです。

一つめは鯖（さば）の沢庵まぶし。鯖はまず〆鯖にします。〆鯖を1センチ角くらいの角切りにし

ます。沢庵も3〜5ミリ角の角切り（みじん切り）にし、水で揉み洗いをして塩気を抜いてから砂糖の入った甘酢に浸す。これらを小鉢に盛りつけ、よく混ぜて食べるというものでした。

二つめは鯛の沢庵和え。三枚に下ろした鯛に塩を振って2〜3時間置く。これを小さな角切りの刺身に引く。みじん切りにした沢庵はにおいが取れる程度、水洗いして角切りの刺身と混ぜる。最後に砂糖を入れた甘酢をかけて食べます。

いまどきのヒトに沢庵と刺身のコラボ……なんて言ったら変な顔をされそうですが、変なことばかり試してきた私には興味あることだったのでさっそくトライしてみたところ、刺身＋沢庵というのは絶妙の組合せだということに気がついたのです。

★「におい」を排除するだけじゃ能がない

とかく「臭（くさ）い」と言われてきた沢庵の独特なにおいが生魚（刺身）の生臭いにおいと混じり合うと、相殺するのか？　相乗効果をもたらすのか？　そこはよくワカランですが、とにかくにおいが気にならなくなり、刺身も沢庵も美味しくなるということがわかりました。

これまで沢庵のにおいが何とかならんだろうかとか、古漬け沢庵のあのにおいを何とか消すことばかりを考えていた自分の狭量さを思い知らされた気分でした。古くなった沢庵のにおいも3月の野沢菜の乳酸醗酵したにおいも、新しい漬物の時のにおいとは違ったにおいです。それが好きか嫌いかは人それぞれですが、大半の人が新しい漬物のフレッシュなにおいを好むのは悪いことではない。しかし古漬けのにおいをただ「臭くって嫌い」と排除するのは芸がないのではなかろーか。

「変なにおいがする」「腐ってるかもしれないから捨てちゃえば」……これは食中毒から身を守るためには必要な防御でありますが、今の時代は自分の五感で感じ取って「危ないから捨てる」と決めているのではなく、ラベルの表示に頼って「賞味期限だから捨てる」のが大半ではないかしらん。

漬物だって時間が経てば乳酸菌が増えてきて酸味もでてきます。かと言って食中毒を起こすわけではない。酸味を理解できない、活かすことができないヒトは捨てちゃうかもしれませんね。

べつに標高800メートルの過疎の村で94歳が作っている沢庵だから大切に食べないと罰が当たるなどと思っているのではなく、どのような食べ物でも何とか食べつくさないと恥ずかしいと思うから、あの手この手で食べ続けているのです。

ここではお葉漬け（野沢菜）と沢庵漬けとを取り上げましたが、これはほかの食べ物にもいえることでしょう。いや、食べ物のみならずヒトだって同じこと。生まれた時はお肌つるつる、ぷよぷよの赤ん坊も齢をとれば腰も曲がりしわも増える。そしていつかは死ぬ。こればっかりは否定できませんわな。古漬けをしっかり食べつくすのとヒトの天寿を全うさせるのと違いはないと思っております。

【其の三】

大豆deチーズとマヨネーズin 70's の巻

★マヨネーズがない……なら何とかする！

昭和50（1975）年、19歳になったばかりの仁之助青年は工業地帯である北九州市を出て、農業県である栃木の宇都宮大学に入ったとです。田んぼも畑も見ることができない北九州市で18年間生きてきましたんで、新鮮な野菜なんざろくに食べたことがなかった。しかし宇都宮は大学の周辺も田んぼや畑が広がっておりましたから、まさに野菜天国のごたありました。とにかく野菜が美味くて安い！　学生寮に入り、少ない仕送りで生活し始めたビンボー学生にとっては恵みの野菜だったとです。生野菜のサラダ、茹でた根菜、野菜の煮物などなどをニクロム線の電熱器とアルミ鍋で調理して食べとりました。熱を加えなくても食べられるサラダはビンボー＋ズボラな学生向きだったのでよく食べとりましたが、ある日、マヨネーズがないことに気がついたとです。

生まれたのが大正7（1918）年創業の料理屋だったため、マヨネーズなどはうちにあって当たり前の調味料でしたが、独り暮しのビンボー学生にとって200円もするマヨネーズを買うのは勇気がいることだったとです。ちなみにその頃、通ってた街の大衆居酒屋で燗酒一合が80円でしたから、200円は高かったとです。そんな経済感覚の持ち主でしたから、「マヨネーズがないから、買いに行こーっと」とはならなかった。
「買う」という選択肢よりも「何とかする」という選択肢を選んだとです。

★想い出した……そして考えた

子供の頃にマヨネーズを作るところを見たことがあったので、そのシーンをまるで昔見た映画のシーンを思い出すかのように再現しようと試みたとです。

(思い出の中のマヨネーズ)

卵の黄身…サラダ油……酢……塩……コショー……これらが調理台に並んどる

ボウルに卵黄を入れて……泡だて器でかき混ぜて……水気はダメ!……ひたすら撹拌……

幼いころの記憶に残されたマヨネーズ製作のシーンから拾い上げたシーンを並べてみました。手順としては、水気を拭き取ったボウルに卵黄、酢、塩、コショーを入れて、泡立て器で撹拌しちょった。よく混ざったらサラダ油をすこ~しずつポタポタしながら撹拌を続けると、やがてトロミが付いてきてネットリしたマヨネーズが完成する……ハズです。

なーんだぁ、わけねーじゃねーか、作っちゃえ。ということになり、ボウルはアルミ鍋で代用し、泡だて器は箸6本使えばなんとかなるし、塩コショーや酢なら持ってるし、サラダ油もまだ残っとるからＯＫじゃんっ……までは良かったんだが、肝心の卵がなかった。マヨネーズに使う卵は加熱しない生卵ですから、新しいのでなきゃナランとです。

「しかたなかぁ、10個１５０円の卵、買うてくるかぁ」と思うと同時に、卵を何かで代用することを考えてしもうたとです。

卵というものにはタンパク質がたくさん含まれちょる。このくらいは19歳の大学生としては常識の範囲でしょう。では卵の代わりになるくらいタンパク質が含まれている食品で、身近にあって安価なものは何だろう？　と考えたんですな。

これまた簡単なことでして、日本人が慣れ親しんできた大豆であります。卵は動物性タンパク質で、大豆は植物性タンパク質という違いこそあれ、タンパク質に違いはなか。卵黄の代りは大豆にやってもらえばよか。これが19歳ビンボー大学生の常識でしたの。

ただ、大豆は乾燥状態ですからこれを水に浸して戻し、軟らかく茹でてからでないと消化できません。このくらいは一応農学部の学生ですから常識の範疇（はんちゅう）なのね。

★1977年、大豆マヨネーズ第1号のはずだったが……

マヨネーズ作り第一歩目の「ボウルに入れた卵黄を攪拌する」を大豆に置き換えるにはそれなりの手続きが必要になるのです。大豆を水で戻して軟らかく茹でたところで、そのままでは卵黄のように攪拌できません。大豆は豆ですから、豆粒を粒状から液状とまではいかなくてもネットリ状（ゲル状）にしなきゃなりません。

半日水に浸して戻した大豆を電熱器にかけた鍋で柔らかく茹でた後、包丁で刻み、擂鉢で擂ると大豆がネットリとしたペースト状になるとです。このネットリペーストを「卵黄」と思えばよか、と勝手に決め込み、そこに塩コショー＋酢を加えて箸6本で攪拌したとです。こりゃ、卵黄よりも簡単に混ざりましたので、サラダ油をすこ～しずつポタポタしながら混ぜ続けましたが、いかんせん、粘土状のパテにこそなれ、マヨネーズのようなトロ～リにはなりゃせん。しかしお味の方はかなりマヨネーズになっちょる。塩味は効いちょるし、卵黄のコクは大豆のコクでカバーできちょる。強いてゆうなら甘味が不足？　かもしれない。

市販のマヨネーズは砂糖などの甘味料を使っちょるから、大豆マヨネーズにも砂糖を入れればよいのではないか？　と考えはしたものの、うちに砂糖が無かった。幸い、寮の友人で甘党の男がいましたからその部屋に行ってみると机の上にキャラメルがあった。「すまん、ゆるせよ」と三つばかり拝借し、それを湯煎にかけて溶かしてから大豆マヨネーズに加えてみたとです。これ、正解でした。「甘さ」は時に「旨さ」になる。

これが昭和52（1977）年、大学3年の時のことで、兎にも角にも大豆マヨネーズが誕生したのですが、マヨネーズとしてはまだまだ未完成だったんですなぁ。世間一般のヒトが認識しているマヨネーズってトロ〜リとしてなきゃいけないんですね。しかしこの時の大豆マヨネーズはレバーパテみたいにねっとりとしたペースト状でした。

真面目に学校で授業を受けて帰ってきた現在の同居人にこれを「ちょっと食べてみちゃり」と食べさせたところ、「んっ？？？」ってな表情をして「今度はチーズを作ったの？」と聞かれてしもうた。

ここで「なにー！　チーズだとぉ〜！」と怒ってはイケナイ。

よくわかったねー、さすがですよー。そうなのよ、おいさんは今日一日かけて大豆でチーズを作ったのよ。すごいでしょ？　ほれほれ、このタッパーに一杯のチーズがね、なんとなんと、50円そこそこでできちゃったんだからー。えっ？　牛乳なかったでしょって？　いーやいやいや、牛乳使わなくってもできちゃうのよ、チーズくらいは。ヤダナ〜、ボク、農学部畜産学科だモン、できちゃうのよ、牛乳がなくったって。だーかーらーこのチーズはね、大豆で作ったのよ、ダイズで。ホレホレドイツ人が言ってたでしょ、「大豆は畑の牛乳だって」あれ？　畑の牛肉だったっけ……ま、似たようなもんじゃん。

というようなわけで、第1号の大豆マヨネーズはマヨネーズとして認証されず、大豆チーズとして認識されたのでした。

★大豆チーズが大豆マヨネーズになる

まるでカマンベールかクリームチーズのようだったペーストも、サラダ油と大豆の茹で汁とを加えてよく練るとマヨネーズ並みのトロ〜リ状になったとです。

とにかく最初の大豆マヨネーズ作りはなーんも考えずにやりましたんで、準備段階の研究不足でありました。これじゃイカンじゃろと、マヨネーズの製法とか大豆と卵のタンパク質の違いとかを図書館の本で調べてみますと、いろんなことがわかったとです。

卵黄と油を分離しないように混ぜるのは難しいことなんですと。確かにプロの料理人がマヨネーズを作る時には注意深く卵黄をかき混ぜ、サラダ油もほんの少しずつ加えてますもんね。こらえ性のないヒトが「めんどくせー」とサラダ油をドバっと入れたりすると、必ず油が分離して大失敗となります。科学用語では乳化（エマルション）と言いますが、これがマヨネーズ作りにおける最大の関門であることがわかりました。

ところが、卵黄を大豆に置き換えちゃいますと、この難しいエマルションテクニックが不要なんですねー。大豆にはレシチンなるものが含まれとりまして、油をうま〜く丸め込み、分離させないんですと。ということは、大豆マヨネーズを作る時はサラダ油もすこーしずつポタポタする必要がないのです。こらえ性がないヒトでも作れちゃう。なーるほど、料理って科学なんですな、理屈がわかれば失敗も減らせるし、無駄な作業も省けるのに、「昔からこうやってるんだから文句言わずにこうしなさいっ」と教える料理人とかセンセーって無駄なことが多いんじゃないか？　って思ったもんです。

★大豆マヨネーズがお役に立った

大豆でマヨネーズが作れたからといって、本来の卵マヨネーズを食べなくなったわけではアリマッセン。本物のマヨネーズだって作ったり食べたりしておりました。

しかし、こんなところに大豆マヨネーズの出番があったのでした。

夏の暑い日に食べるお刺身はなんたって「洗い」が一番と思っている私は、洗いに酢味噌か煎り酒を付けて食べています。この時の酢味噌代わりが大豆マヨネーズなんですな。普通の酢味噌は「酢＋白味噌＋甘味料」がベースになりますが、大豆マヨネーズは「酢＋茹で大豆＋塩＋サラダ油」がベースです。このまま洗いに付けてもいいし、白味噌を少し混ぜて使ってもいいのです。落語の「青菜」に出てくる洗いには茹でた青菜（小松菜のような葉物野菜）が添えられていて、それらを酢味噌で食べるようですが、刺身の洗いと生野菜のサラダを大豆マヨネーズで食べてみると、落語「新青菜」が作れそうなくらいにうまかった。洋食のテイストを取り入れた和食って感じでした。

このように大豆マヨネーズは和食、洋食にとらわれず使えるし、作り置きしても傷みにくいので重宝しております。

まぁ、最初は「卵が無いから大豆で代用して」作った大豆マヨネーズでしたが、１９９０年頃に出会ったアトピー性皮膚炎の子供を育てている親御さんの集まりで、このマヨネーズが注目されたとです。なんでも卵が食べられないお子さんがいて、卵未使用のマヨネーズがほしかったとのことでした（卵が買えなかったわけじゃないのね）。

その頃はまだ大豆のマヨネーズが商品化されていなかったので、作り方を教えましたが、皆さま「手間がかかるんですねー、どこかのメーカーで出してくれないかしら」という反応でした。その後大豆マヨネーズは市販されるようになりましたから、今頃はそれを買っていらっしゃるんでしょうが、当時は「これで子供にマヨネーズを食べさせることができる！」と喜ばれたものでした。

★豆乳がブームになってるけれど

昨今の豆乳ブームは日本だけの話ではないようです。日本農業新聞の記事によりますと、欧米では燕麦（えんばく）や大豆などで作る「植物性ミルク」が人気だそうです。アメリカで植物性ミルクを推進するNPO組織「GFI（Good Food Institute）」によると、全世帯の37％に当たる4600万世帯が植物性ミルクを購入しているということです。日本の豆乳市場もこの10年間ずっと増え続け、今では牛乳市場の一割にまで達しています。牛乳から豆乳へ鞍替（くらが）えした理由の一つは「健康志向」でしょう。ノンコレステロールで低脂肪、これに魅かれたと考えられます。

もう一つはエシカル（倫理的）消費者が増加したということではないでしょうか。牛乳と比べて、生産時に温室効果ガスの排出量が少ない植物性ミルクを消費者が選ぶためではないかとロンドンの市場調査会社ミンテルは分析しているそうです（２０１９年8月11日、12日付、日本農業新聞の記事を参考にしました）。

このように英国では燕麦で作った植物性ミルクが、日本では大豆で作った植物性ミルクが飲まれるようになってきているんですね。この豆乳ブームを見てつくづく21世紀的だなーと思うのは「健康志向」だけでなく、エシカル（倫理的）消費者が環境問題をも考えて自分たちの食を選択しているという点です。「人体に優しいもの」を選んでいたのが20世紀とすると、21世紀は「人体と環境に優しいもの」を選ぶようになったといえるのです。

豆乳は水で戻した大豆を挽いてどろどろの「呉（ご）」を作り、「呉」を加熱した後、絞ったものです。これ、大豆マヨネーズやチーズと似ています。豆乳を作る時は大豆を挽いて、仕上げに絞ってますから「おから」が生じ、その大半は処分されるか、家畜の飼料にされています。マヨネーズやチーズですと全部食べるのでおからはできません。

大豆で豆乳を作るのか？　マヨネーズやチーズを作るのか？　それは時と場合によるのでどちらがいいという問題ではありません。大豆からは豆乳、豆腐、味噌などの加工食品が作られています。家庭でも簡単に作れるのが煮豆や大豆マヨネーズ、チーズなどだということです。

★古くなった大豆こそマヨネーズに

其の一でも書きましたが、同居人の母親が長野県の標高800メートルの過疎の町で独り暮らしをしとります。そして年間を通して何十種類もの野菜を作って私らに供給してくれとるのです。当然大豆も作っている……のですが、作る方が得意で調理は苦手ときてるもんだから、大豆が余ってしょうがない。同居人が週末帰省時に台所をチェックしてみたところ、出るわ出るわ、古い大豆が……。大豆は1年経てば劣化してきて、水に浸しても戻りにくかったり、煮ても柔らかくなりにくいものがあります。それがアナタ、2～3年経ったものが紙袋の中から発見されるんですもん、たまらんです。たまらんですが、捨てんとです。同居人が北陸新幹線を使った担ぎ屋になって運び、目黒食品再生工場で「なんとかして」作るのが大豆マヨネーズに似た大豆チーズなのでした。

古くなった大豆は24時間以上水に浸して戻します。その後は茹でて柔らかくしますが、新しい大豆と比べると2倍近い茹で時間が必要でしたので、保温調理法（131頁参照）を使ったり、冬場のストーブや囲炉裏を使って気長に茹でたりします。ま、暖房兼調理器具＝ヨーロッパの調理用ストーブみたいなもんですね。

ただし古くなった大豆は今一つ「芯が残った」ような感じなので、煮豆には向きません。だからこそ、「芯が残った」感がなくなるよう、摺り潰してしまうのです。茹であがりを挽肉器でミンチ状に挽き、それを摺鉢で摺れば容易に大豆チーズができるんですなぁ。摺り潰してサラダ油とか香辛料などを混ぜれば、誰も古くなった大豆とは気がつきませんわな。94歳の婆さんに「大豆料理をやれ」と言ってもそりゃぁなかなか……。でもこうして大豆チーズに変身させてしまえば年寄りだって食べられるし、うちに来る若いモンたちも喜んでバカスカ食べていってくれますの。5年前の古い大豆とはつゆ知らず……。

大豆マヨネーズ&チーズの製法

①一晩は水に浸しておく（大豆は乾物ですから）。

②大きな鍋に半分くらいまで入れた水で茹でる。沸騰後は泡が吹きこぼれるので、弱火にすることと、ふたをずらしておくこと。

③柔らかくなったらザルで水を切って挽肉器で挽く。

④擂鉢で擂る。

⑤基本的な味は、塩＋甘味料＋香辛料＋酢でつける。

⑥サラダ油を加えて程よい硬さ、緩さに練る。

大豆チーズの発展法

参考までに大豆チーズを発展させるこのようなテクもあります。

・粉ミルクやコーヒー用のクリームパウダーを入れると、クリームチーズ風になる

・刻んだレーズン、ナッツ類を加えると、おしゃれなチーズ（もどき）になる

・カレー粉を加えると、子供大好き&お酒のおつまみ的なおやつになる

・豆腐を使った「白和え」も、大豆チーズやマヨネーズで作るとまた別の味になる

そもそも、事の始まりはマヨネーズがなかったことでした。買えば済むのに作ろうとした。しかし、肝心の卵が無かった。買えば済むのに、何かで代用しようとした。それからマヨネーズという調味料の「成立条件」を挙げてみて、それを満たしてみたらマヨネーズに似たものができた。マヨネーズに似てはいる別物ができた。これはこれでアトピー対策にもなったし、大豆チーズや大豆パテなども手軽に食べられるようになった。余った大豆、古くなった大豆も美味しく食べつくすスキルとなった。

このようにして料理技術もレパートリーも広がっていったのです。

観察・分析・模倣・検証・改良の反復……これが食力をつけるということではないかと思うとです（其の八に詳しく書いていています）。

【其の四】

路上自炊のばんごはん 参加記録 in 80's の巻

★路上自炊のおいさんたちに憧れる

子供の頃、公園の茂みの蔭(かげ)とか町はずれの空地などで、七輪でご飯を炊いたり煮物を作ったりしているおいさんたちをちょくちょく見かけたものでした。前回の東京五輪が開かれた昭和39（１９６４）年頃の八幡製鉄の城下町だった北九州市での光景です。屋外でご飯を炊いたりするのはキャンプの時しかないと思っていましたから羨(うらや)ましく見ておりました。

その当時の北九州市は太陽光すら遮(さえぎ)ってしまうほどのスモッグに覆われた公害都市。田んぼも畑も無かったから夏休みに阿蘇山、九重連山あたりに行ってキャンプする時にしか飯盒(はんごう)炊爨(すいさん)はできませんでした。自分で火を起こし、ご飯を炊いておかずも作る、年に数回しか体験できないことなのに、空地のおいさんたちは連日それができるんだから、これはある種の憧れだったんだ。

「いいよなー、飯盒炊爨して、食べたいモン、好きに作って……」なんてことを本気で思っていた１９６０年代のちょっと変な仁之助少年だったのです。

そのような原体験、幼児体験があったせいかもしれんですが、大人になってからも路上における自由な自炊＝いわゆるホームレスさんたちの食事作りには興味があり、可能な限り観察する変な大人になっていました。

★1980年代、秋葉原の路上クッキング

東京都の築地市場は平成30（2018）年豊洲へと移転いたしました。ここは主に鮮魚を扱う市場でしたが、野菜類を扱う市場はかつて神田青果市場と呼ばれ、秋葉原駅と御徒町(おかちまち)駅の間にありました。平成元（1989）年に現在の大田市場に移ったのです（次頁地図参照）。

今日の秋葉原はフィギュアとオタクとAKBの街になっていますが、1980年代までは、電気と野菜くずと段ボールリヤカーの街でした。意味がわからん？ でしょうね、たぶん。

現在でも電気街という言葉があるように、当時も日本最大の電機関連のパーツを取り扱う店が集まっていた街でした。そして神田青果市場へは各地からの野菜や果物が集まってきて競(せ)りにかけられて荷さばきされていたため、市場が閉まる午後になると野菜を詰めて運んだ段ボール箱が大量に廃棄されます。その段ボールを集めてリヤカーに積み上げ、古紙回収の紙問屋に持ち込む仕事をしていた人々の中には路上生活者が多くいました。

夜明けとともにリヤカーを曳いて市場の段ボールを集めて回り、紙問屋の台秤に乗せて段

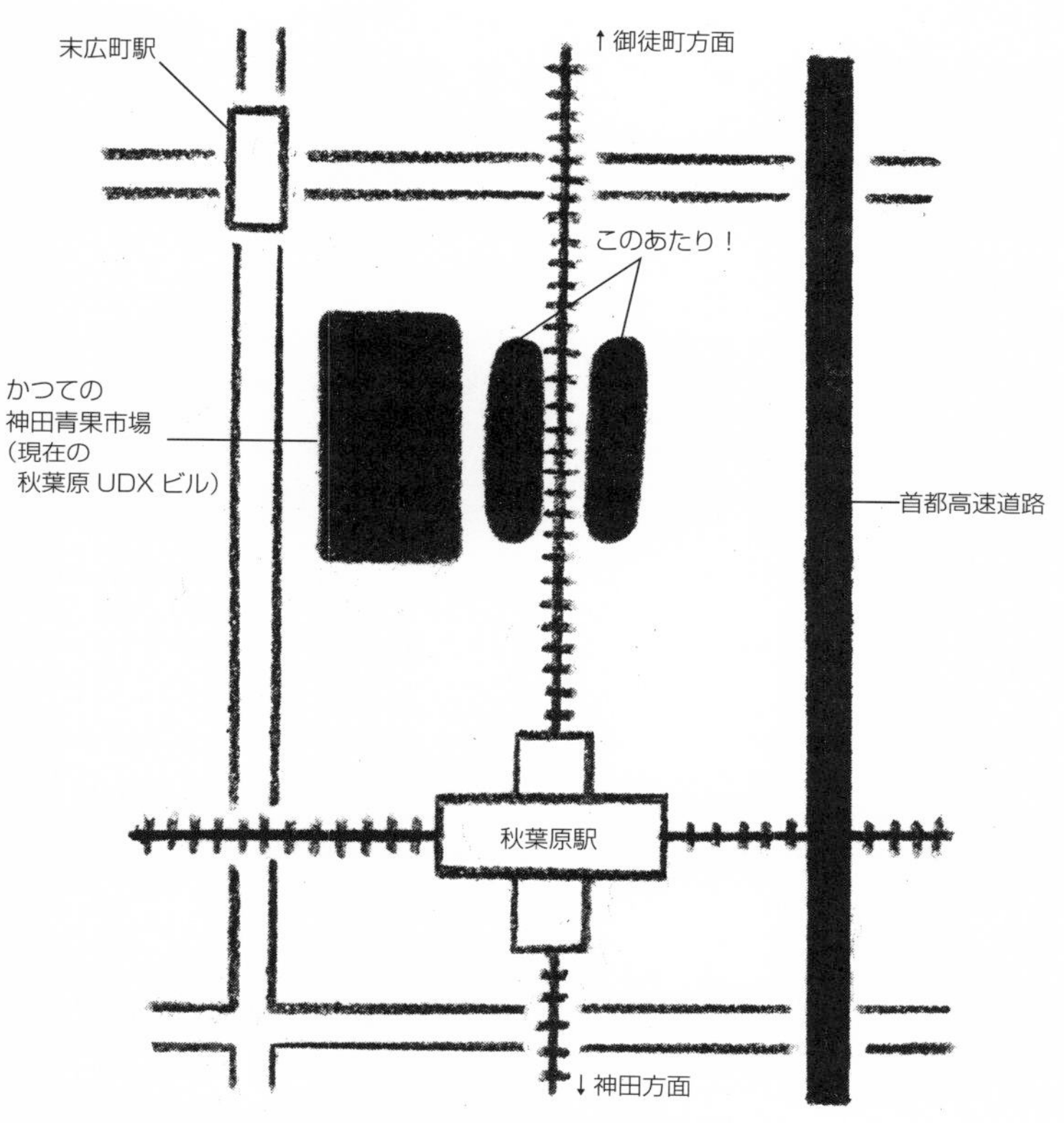

（写真左、右上）
秋葉原 UDX ビルには「神田青果市場跡地」のプレートがある。
（写真右下）
JR 山手線の線路わきには段ボール回収業者が今も数軒残っている。

ボールの目方を計測する。その日の古紙買取り相場価格に照らして買い取り値が決まり、お金を受け取る。ちなみにここで使うリヤカーは古紙買い取り業者（○○産業）からレンタル料を払って貸してもらっていたようです。貸してもらったリヤカーを雪の日も、真夏の炎天下でもひたすら曳いて段ボールを集めては現金に換えていたんですね。神田青果市場と秋葉原電気街、いずれも大量の段ボールが連日廃棄される街でしたから、人によっては1日に2〜3度もリヤカーを満杯にするくらい集めていました。

その頃、夜の秋葉原を歩いていると昼間大活躍をしていた巨大な黄色いリヤカーが歩道の片隅にズラーっと駐車されていたもんです。そしてそのリヤカーにはブルーシートがかぶせられ、路上生活のおいさんたちのねぐらになっていました。ま、今日風に言うと「ホームレス」さんなのでしょうか。この光景を見た当時20代後半だった青年仁之助は北九州市の空き地で自炊をしていた宿無しおいさんたちのことを思い出しておったのです。

「このおいさんたち、ごはんはどーしてるんだろ?」。帰っていくおうちが無いんだから、

・外食する
・誰かのおうちで食べる

・空地等で自炊する
・出来合いのお惣菜を購入してどこかで食べる
多分このなかのどれかだろーなーと考えつつ、宵闇(よいやみ)迫る山手線秋葉原駅から御徒町方面へ向かって歩いておりましたら、外神田4丁目と神田練塀(ねりへい)町に挟まれた山手線のガード下で自炊中のおいさんたちを発見したのでありました。木枯らしピューピューのさぶぅい11月の夕暮れ時、赤々と燃える練炭七輪にゆがんだアルミ鍋をかけて何か鍋物を作っております。ジャージやカストロコートを羽織った4人のおいさんたちが湯気立ち昇る鍋を囲み、だみ声あげて宴会をしているようでした。

ごく普通のガード下ですからごく普通のサラリーマンたちも通行していましたが、どちらも「われ関せず」って感じで非干渉なんですね。しかしあたしとしては素通りすることはデキマセン。子供のころから路上での自炊に憧れを持っておりましたので「あの鍋の中身は何なんだ」がわからんことには夜も眠れない……かもしれません。で、意を決して近づいていき、可能な限り愛想よく「あったかそうですね～」と声をかけてみたんですな。「なーんだとー、てめー、なめちょるとかぁ！」と言われたら走って逃げようと思っていたんですが、さにあらず、「おーっ、ニーチャンも火にあたっていきなよ」と声をかけてくれた。

これは後で考えたんですが、冬の寒い時に素足に下駄ばき、腰まで伸びた長髪、髭もぼうぼうという風体でしたからもしかしたら「かわいそうな若いモン」と認識されていたのかもしれない。

ま、それはともかく、快く受け入れてくれたんだからぜひあの鍋の中身を拝見させてもらおうと、4人に混じって火にあたらせてもらったとです。で、グツグツ煮えてる鍋の中をのぞいてみますと、そこにはしめじなどのキノコや白菜、大根などに混じってなんと！ はまぐりが4個も入っております。ちょうどはまぐりがパカッと開いたところだったので4人のリーダー格のおいさんが、「おぅ、今が一番の喰い時だぁ、ぼやぼやしてると煮締まって身が固くなるからな」とみんなに指示を出しておる。いや、実に正しいタイミングでした。これ以上煮るとまずくなる。物の味を知ってる人なんだぁと感心しておりましたら、「ニーチャンの分も入れてやれよ、はまぐりとえびがたくさんとれたからなぁ、今日は、大漁だもんな、ガハハハ」と言って本当にはまぐりやえびをいくつか入れてくれました。

「おいさーん、今日は大漁……って東京湾にでも釣りに行ったん?」と聞いてみるとこれまたガハハハと笑いとばし、「わしらの大漁ってぇのはスーパーの賞味期限切れのことよ」ですと。

たしかにここから歩いて数分の御徒町駅の真横には、戦前からの超有名生鮮食料品デパートがあったわ。まだまだ傷んでなくても賞味期限が今日までの魚介類は処分してしまうらしい。いつも段ボールの処分を引き受けてるこのおいさんたちにその賞味期限切れをこそっと分けてくれるんですと。２００〜３００円の安いしじみやアサリなどはあまり売れ残りはしないそうですが、ちょっと高級なはまぐりやえびの類は結構残って処分の対象になりやすい。それが路上生活者に転がり込んでくる……という図式なんでしょうね。

この日ガード下の晩餐会でいただいた鍋の中身は「はまぐり・たいしょうえび・しめじ・はくさい・ちくわ・しらたき」などでした。これらを銘々が鍋から小皿に取り、神田青果市場でもらった（のか、拾ったのか、わかりませんが）すだちをたーっぷり絞ってかけて食べてました。

「この鍋の材料で買ったものってあるの？」と聞くと、「買ったのはこれだけよぅ」と出したのが焼酎の４合瓶。

「二人100円ずつ出せばちょうど一人一合飲めるだろ、縄のれんでぼったくられるよりいいもんなっ」

正直言ってこの経済感覚にはまいりました。晩御飯はすべてただで手に入れた食材だけですましている。しかも動物性タンパク質、野菜のビタミン、お腹に溜まるしらたきなど、と偏らない食べ方になっている。使ったお金は一合の焼酎代としての100円のみ。この程度のアルコールでしたら肝臓を傷めるほどでもありますまい。ただ疑問だったのが、このような経済感覚と摂食バランスの食事作りができる人が、なんで路上生活者になったんだろう？ということでしたが、恐る恐る聞いてみると、「それがわかっていなかったから家も家族も手放す羽目になったんだよぅ～。ま、若気の至り？ってぇやつよー」とリーダー格のおいさんが言うと、ほかのみんなが、「若気の至りじゃねーっぺ、いい齢こいてバカやったからだっぺ」とまぜっかえしておりました。

「おいさんたち、段ボール集めて、1日どのくらい稼げるの？」と聞いてみると、リーダー格のおいさんを指さして、「このおやぶんは4桁いくけど、俺たちゃまだまだ3桁止まりだぁな」とのこと。つまりおやぶんは1000円から2000円くらい稼げるが、ほかの3人はまだ８００円ぐらいしか稼げないということのようでした。

でも本当に感心したのはこのおいさんたち、稼いだ日銭のほとんどを毎日郵便局に貯金しているということだったのです。生きるためには食べなきゃならないけれど、食費にその日の稼ぎをすべてつぎ込んでいたら何年たっても「貧困の連鎖」から抜け出すことはできない。だから賞味期限切れ食品に目をつけて自炊で食を賄い、資金力を蓄えておく。この４人のおいさんたちはお金を貯めてまずはアパートを借りられるようにして、自立した生活に戻ろうとしていたのです。リーダー格のおやぶんと呼ばれていた50歳くらいのおいさんはすでに40～50万円は貯金できたから、もう少し頑張ってアパートに住むんだと言っておりました。

それから７～８ヵ月後に同じ場所に行ってみたら、やはり４～５人の路上生活おいさんが同じように自炊をしていたので、「おやぶん」のことを聞いてみると、「あ～、おやぶんはさぁ、尾久（おく）にアパートを借りちゃってねー」とうれしそうに話してくれました。アパートに移ったとは言え、いまだに秋葉原まで通って段ボール集めをやっているということでしたが、近々別の仕事に移るんだと言っていたそうな。

これが1980年代の東京秋葉原で体験した路上生活者の一場面です。正直言ってこんなに建設的な路上生活者はごく一部であろうと思われますが、間違いなく数人はいたということでしょう。自分の食は自分で賄うということが自力更生の第一歩になるということは言えるのではないでしょうか。

一日中段ボールやアルミ缶を集めてお金に換える。そこからが問題でしょう。そのお金を持ってコンビニへ行き、出来合いの弁当や総菜、ペットボトルの飲料を買って食を賄っていれば、その日の稼ぎは残りません。明日は明日の稼ぎに頼らざるを得ない生活を続けるしかない。そのうちに齢をとり働けなくなるが自己資金はないから生活の自立はできない。

21世紀の今日もその日の稼ぎをその日のうちに使ってどうにか生活をしている人が多いと思います。「300円の安い牛丼でしのいでいます」と本人は言うかもしれませんが、もし、100グラム40円の鶏肉を買って自分で炊いたご飯と一緒に食べれば、一食当たりの食費は50円もかからないということを知らないのでしょう。今日ではそれが普通の日本人なのかもしれません。食事をお金で買うのではなく、技術と知識で作り出せる食力が実は大切なんではなかろうか。
「カマドなくして自立なし」を実感しました。

★春のうららの隅田川にて

秋葉原ガード下での出会いから20年近く経った20世紀最後の年のこと、まだ花見には少し早すぎるような肌寒い3月の日曜日に、私は浅草の吾妻橋（あがつまばし）付近から隅田川沿いの遊歩道をお散歩していたのでした。当時は隅田川の両岸にホームレスのブルーテントがたくさん並んでいて、まるで一つの集落のようでした。浅草の古本屋で見つけた大正時代の料理本を読むために、浅草一丁目一番地にある神谷バーに行こうと思ったものの、バーに入るにはまだ日が高すぎるから開花前の桜でも眺めながらお散歩しましょ……ってな感じだったんです。

だったんですが、遊歩道の行く手に見えるはカセットコンロで焼き肉を焼いてるブルーテントの住人たち。路上で自由自炊をする人を尊敬するボクとしては見過ごせません。その時も長髪に髭で下駄ばき、昭和45（1970）年から着続けている米軍払い下げのボロコートを羽織っていましたから、ブルーテントの住人もあまり警戒心を持たなかったのかもしれません。焼肉のたれが焦げるいいにおいが漂ってきたので、「ごきげんですねー」と声をかけたら、「に〜さん、食べていきなよ」ですもん、渡りに船ってやつですね。

20世紀終盤から21世紀初頭、この時期あたしゃ新聞、週刊誌、月刊誌で食エッセイの連載を書きまくっていました。対象となるのは普通のサラリーマン、子育て中の若いお母さん、主婦などでしたからその頃流行っていたいわゆる「グルメもの」とは一線を画したディープな食の読み物を手掛けていた頃です。たとえば、「和食には醤油で洋食にはソースとは言えない日本人の食歴」とか、「洋風すしは明治時代からあった事実」とかを調べて書いていましたので、昔の料理本を読むことも、ちまたのさまざまな「食生態観察」も毎日の御仕事だったのです。そんな時に隅田川沿いで路上焼肉を食べてるブルーテント住まい、アーバン・アウトドアライフ・ピープルとの遭遇は貴重な体験になるのでした。

★ 都会のアウトドア生活者が食べてた焼肉

まず肉を焼くための熱源です。普通は炭火焼といきたいところですが、ここではカセットコンロの上に薄い鉄板付きの魚焼網が使われていました。なーるほど、これなら、肉汁が垂れても網の下にある薄い鉄板が「うけ」になってくれますから煙もうもう、コンロべとべとになる心配がない。

すでにカセットコンロが普及していて、そこで使うガスボンベも１００円ショップで買えました。反対にかつては主流だった七輪（しちりん）や練炭（れんたん）はなかなか手に入らないし、ガスボンベよりも高かった。この辺に調理慣れした生活の知恵がうかがえますな。コンロの傍らにいて、買ってきた味付豚肉を焼網に乗せる係をやってたのは若手（と言っても50歳くらい）のおいさんで、そのパック入り味付豚肉をよーく見ると「肉のハナマサ・豚トロ味付６５０円」のラベルと「お買い得！　ジャンボパック」のシールが見えました。察するに冷凍輸入豚肉の脂身が多いトロっぽい部分（たぶんばら肉）をスライスして調味液（醤油、砂糖、大蒜（にんにく）、生姜（しょうが）、スパイス類、旨味調味料など）に漬け込んだものでありましょう。これでしたら買ってきたパック入りの肉をただ焼くだけで食べられますから楽チンなのでしょうね。

カセットコンロの焼き網に乗っけた豚肉は4～5分も焼けば食べられます。焼き係の若手おいさんは焼き上がった豚肉を焼網から引きはがし、それを引きちぎったキャベツに乗せて渡してくれました。そうです、小皿に乗せてとかでなく、ちぎったキャベツが焼肉の取り皿代わりだったんですね。なんだか韓国料理のサンチュというか、大阪の串揚げ屋さんのキャベツみたいでした。

「焼肉と言っても、肉ばっかじゃなく、生野菜もきちーんと食べておる」と、感心してよく見てみると、カセットコンロのわきには水を張ったポリバケツが置いてあり、そのなかにはちぎったキャベツがプカンプカン浮いています。何の味付けもしていないキャベツと大衆受けのするこってり味が付けられた豚肉を一緒にパクッとやりますと、お口の中で「濃い味＋薄味＝プラスマイナスゼロ」みたいに中和されるんですね。生キャベツでくるんだ焼肉をバリバリもぐもぐしてたら、お決まりどーりに、「にーちゃんも一杯やる？」と、マグカップを渡された。歯磨の時に使うようなでっかいマグカップに、4リットルのペットボトル入り焼酎・大五郎25度をなみなみと注いでくれるのよ。酎ハイとか〇〇サワーとかじゃなくって、ホワイトリカーのストレート＝リカストですから強烈この上なし。でもご馳走になってんだから「逆らっちゃイケナイ」と、ありがたく頂戴いたしましたよ、あたしゃ。こんな時に酒が強いってのは役に立つもんで、「イイ飲みっぷりだねー、にーさん、ま、腰を下ろしてゆっくりやっていきなよ」と、妙に気に入られてしまいました。

「ニーチャンも焼肉の時には肉の倍くらい野菜食べなきゃだーめだかんネー。生野菜にゃビタミンがあんだかんネー。ビタミンが足んなくなると風邪ひきやすくなるんだかんネー。な、あにきー、そーなんだよなっ、ＮＨＫで言ってたんだもんな。あにきはよっ、いつもＮＨＫのラジオ聞いてっから物知りだもんな。俺たちよっ、風邪なんかひいちまうとお手上げだもん。保険証もってねーから病院行けなかんべ。だから風邪ひかねーようにビタミン食べてんだもんなっ」

この北関東弁のおいちゃん、人生設計はともかく、現状を把握していかに対処すべきか？という点に関しては見上げたもんでした。

「なーるほどねー、じゃ、おいさんはさぶくってもあまり風邪はひかないんだねー」と感心すると、「さぶい時は足元をあったかくすりゃ風邪ひかねえんだと。ニーチャンも裸足で下駄なんかはいてると風邪ひいちまうっぺよ。浅草松屋の並びに安い靴屋があるっぺ？ あそこ行けば５００円でボア付きの靴が買えるべよ」

「あ、あそう、ありがと、今度靴下買ってから靴屋に行ってみますね」と答えましたら、どーやら「お金がなくて靴や靴下が買えないニーチャン」と誤解なさったようで、しきりにこっちの生活を心配してくれますの。

「仕事、あるの?」

「えー、まぁー、週刊誌とか、新聞の仕事に追われて、結構忙しいんですよう」と言ったのが間違いだった。

「週刊誌〜? ありゃ〜ダメダメ、山手線でかき集めて上野で買い取ってもらっても1冊10円だもんねー。新聞なんてきょうびリヤカー1台分集めても3桁止まりだもん、やってらんないよ〜。やるんだったらアルミ缶だよ、アルミ缶。花見シーズンになりゃ1日2000円ぐらいいけるっぺ、アルミ缶ならよっ」

優しいのです。見ず知らずのニーチャンに焼肉や焼酎をご馳走してくれ、風邪をひかないための寒さ対策を教えてくれ、おまけに時流に即したお仕事のテクニックまで気にしてくれております。信頼できる安全な食品を買うことばかりに目くじら立てている時代にこの清涼感はなんなんだろう?

「血液サラサラの青魚はめんどうだからこのサプリを!」とか「ミネラルは……、オルニチンが……、ビタミン不足には……」などのコマーシャルにおびえながら、糖質ゼロとか脂肪ゼロなどに飛びつき、手軽なプロテインで「健康Ｇｅｔ！」と喜んでるニッポンジン。おめでたい……なんてもんじゃないなっ、なんて思いながら下駄を鳴らして浅草一丁目を目指したのでした。

ホームレス生活をするにはそれなりの理由がある。それは人それぞれ、さまざまでしょう。しかし、どのような状況に置かれていてもヒトは何か食べていないと生命を維持できません。だから食べること、いや、食べ続けることができるか？　できないか？　はヒトの生死に関わることなのです。だからと言ってその日の稼ぎをその日に使い果たしてしまうような経済観念では先細りではないでしょうか。１９８０年代に秋葉原のガード下で「はまぐり鍋」をごちそうしてくれたおいさんは、日銭を貯めてホームレス生活から脱出していました。そのために彼らの食術はとても役に立ったと思われます。

ひるがえって、こんにちアルミ缶を集めてお金に換えている人たちの大半が、その日の稼ぎをコンビニのお弁当に換えてしまっているようです。仮に1日に１０００円稼いだとしても、コンビニでカップ麺、ペットボトル飲料、弁当などを買えば貯えはできません。これと同じことが普通の勤め人にもいえますね。会社で働き、お昼は付近のお店でランチを食べるとすぐに1000円くらいは使っちゃう。仕事が終わって同僚と外食するとまたまた2000円ぐらいは使っちゃう。仮に1日に3000円を食費に使ったとするとひと月の食費は3000円×30日=90000円ということになります。

自分では作れないから……

忙しいから……

めんどくさいから……

食事を自分で作らない理由はヒトそれぞれあるでしょう。この先どのような生活を選ぶのか？ は個人が決めることです。ただ、「老後は国民年金のほかに2000万円は必要」なんてことをお役所が平然と言っちゃうような国で生きていくには、それなりのディフェンス力=貯えも必要でしょうね。

「カマドなくして自立なし」ってことばがリアルに感じられる時代になったのでしょう。

【其の五】

不人気・タイ米を
引き受ける in 90's の巻

日本人がコメを食べなくなった、なんてことが言われるようになったのは何時頃からだろう？　水稲が大陸からもたらされて以来、日本人はつねにコメを熱望し続けた民族でした。「つねにコメを主食としてきた」というのはマチガイで、コメを常食できたのは支配層の日本人だったというのが正しい。日本人全体にコメが行き渡り、コメの売れ残りが問題になりだしたのは1970年頃からの話で、それ以前は東南アジアからの輸入米などで国産米を補充していたのが事実です。

昭和45（1970）年といえば大阪で万国博覧会が開催され、昭和39（1964）年の東京オリンピックに続いて外国の文化が日本中に拡散された時期でした。朝食は手軽なパン食、外食でもパスタ（当時はスパゲッティ）などが主食としてコメの領域に入り込んできました。こうして日本人のコメ離れが進み、JAなどのコメ生産、流通関係者はコメの消費拡大を叫ぶようになりました。

ところが平成5（1993）年、日本列島は冷夏に見舞われ、コメは大凶作。秋の収穫時期を待たずして凶作は予想できていましたから、買い占める人もいたし、マスコミは「米不足がやってくる」と大騒ぎしたものです。で、その凶作ってどの程度の凶作だったのか？

数字の上で見ますと作況は例年の75％ぐらいだったということです。75％しかできなかったということは例年の4分の3しか生産できなかったということですね。数字の上だけでいうと、コメばかり食べている人が4回に一度だけパンか麺類にすれば何とかなるってことだったんですね、数字の上でいえば……。

★緊急輸入したコメはタイ米だった

コメが例年の75％しか生産できないのだったら、コメを食べる回数をほんの少し減らせばいいハズだったのですが、現実はそう甘くはなかった。米屋もスーパーも売り切れが続出し、コメが買えないヒトの不満が広がっていった。なんで？　いつから日本人がそんなにコメを欲しがるようになったの？　コメ離れはどーしたの？　あわてて政府はタイからコメを輸入したものの、タイのコメは粒の長い長粒米だったから短粒米に馴染んできた日本人の好みに合わなかった。曰く「パサパサして食べにくい、日本人の好みに合わない」ということでタイ米は不人気だった。パサパサ、パラパラのタイ米はココナッツライスのような炒めものや印度風カレーには最適なコメなんですが、すし飯や牛丼などには不向きです。パン食やパスタなどの外国の食には興味を示す日本人も、こと「コメ」となるといたって保守的になるのです。

で、ふたを開けてみるとタイ米が売れ残ってしまいそうだ。よその国に無理を言って分けていただいたコメなのに、国民はそっぽ向いて買わないとなれば申し訳が立ちませんわな。そこで政府は国産米を買うならばタイ米もセットでなきゃ売りません……を打ち出しましたの。このセット販売でタイ米もいくらかははけたものの、今度は「買わされたヒト」がもてあましてしまったのです。別に特別なにおいがするとか、味がとんでもなく異なるわけでもないのに日本人は「タイ米は食べたくない」と手を付けようとしなかった。

その頃私は目黒区内で古道具屋を経営しており、外国人の御客さんもよく来てました。その中にタイなど、東南アジアのヒトもおりまして、彼らは少なからず不愉快に思っていたようでした。そりゃそーでしょ、日本がタイ米を緊急輸入したもんだからタイのコメ相場が上がってしまい、本国ではコメが高くて買えない人もいたんですから。

★古道具屋はタイ米も買い取るのか？

「道具屋さーん、タイ米をひと袋、引き取ってもらえますかぁ」とご高齢の奥様がタイ米3キロ袋を抱えて店にやってきました。

「欲しくなかったんだけど、セット販売とかで買わされちゃったのよぅ、うちじゃ食べないけど、だからっておコメを捨てるなんてばちあたりなことはできないしねー、困っちゃってんのよぅ、前にいらなくなった炬燵とかタダで引き取ってくれたでしょ、これもタダでいいから引き取ってもらえない？」

いやいや、古道具屋ってだいたいの古道具なら買取り、引き取りをするんですが、食品というのは取扱品目に入っていないんですねー、古物営業法によると。だからコメの買取りはできないのよ、古物営業法ではね。と、建前上お断りしつつ、考えてみた。

(買い取るのはいけないけど、引き取るだけ……処分するだけならいいんではないだろうか？「不用品を処分するために引き取っただけ……」と言い張っちゃえばいいんじゃなかろーか？）ってなことを古物商を管轄する公安委員会に出向いて聞いてみると「そんな訳のワカランことを聞きにくるなよぅ、忙しいんだからぁ、処分でも何でもしてあげろよぅ」とつれない返事だったので店に引き返して奥様に、「仕方がないから今回だけ、お引き取りしますけど、これ1回きりですからネ、奥さんだけですからネ、ほかのヒトに言っちゃだめですよ、大勢がタイ米担いで引き取ってくれー!! なんて押しかけたら困っちゃうんだからぁ～」と言って帰ってもらったのですがこれが甘かった。熟年奥様の口にふたはできません!

「どーぐやさ～ん、タイ米引き取ってくれるって聞いたんだけど、ホントー?」

後悔しても後の祭り、かと言ってむげに断るとあること無いこと言いふらすことがないとは言えない熟年奥様。仕方がないから店の入り口に張り紙を1枚貼りだしました。

「セット販売で買わされたタイ米、無料にてお引き取りいたします。ただし、本日限り」

この張り紙をしたのが午後3時頃でしたが、店を閉める7時までに3キロ袋が10袋ぐらい山積みになりましたの。こりゃかなわん! と店を閉めて自宅へ逃げ帰ったのですが、翌朝店に行ってみると店の外にタイ米の袋が4個ばかり放置されておる。これじゃタイ米駆け込み寺になっちまうので、「タイ米の引き取りは終了しました。ここにタイ米を置くと不法投棄になります」という張り紙を張り出すことで、何とかおさまったのでした。

しかし、タイ米だってインディカ米であるというだけでコメはコメでしょうに、食べる工夫もしないままいわゆる「食わず嫌い」するのはあまりに芸がないのでは？ と思ってしまいますね。てなこと言いながら40キロものタイ米を引き取ってしまった古道具屋の親父に何か対応策はあったのでしょうか？ というまわりの人々のご心配なんぞどこ吹く風、翌日からこのタイ米の加工作業に突入したのでした。

★タイ米＋水＋麹→しあわせのおのみもの

こちとら酒蔵巡りをするほどの日本酒文化好きな呑兵衛おいさんですから、酒造りは詳しい。酒蔵でお酒を仕込んでいるところにも何度か行ったことがありました。その時に酒を仕込むための「蒸米（むしまい）」を試食したことがありますが、初めての時は「美味い酒を仕込むためのコメなんだから蒸米もさぞかし美味しいのだろう」と思ったんですね。ところが、口にしてみますといささか頼りないくらい、あっさりしたような、パサついたような食感でした。モチモチ感というか、ねばりがあまり感じられない。これがあの豊潤な日本酒になるんじゃろうか？ と疑問に思って杜氏（とうじ）さんに聞くと、「食べて美味しいコメと酒にして美味しいコメは違う」とのことでした。

素人考えでは、食べて美味しいコメが飲んでも美味しいお酒になると思い込んじゃうのですが、プロに言わせると、コメに含まれるタンパク質とかアミロースなどの多い少ないが、酒質に影響を及ぼすのだそうだ。タンパク質やアミロースなどを「どのくらい削るのか?」、また「どのくらい残すのか?」そこが腕の見せどころなんでしょう。その結果さまざまな要素が絡み合って「美味しい酒」が造れるんだそうな。日本で栽培されているジャポニカ種の場合は米の外側部分をある程度削ってから蒸すのが美味しい酒を造る基本であると言ってました。

ほれ、お酒のラベルによく書いてあるでしょ? 精米度数50%とか。あれはコメを50%削っていますよーということなんですね。このように削ってから蒸したコメって、食べるとあっさりしているんです。これを試食した時に「これ、以前試食したインディカ米と同じようなあっさり感があるなー」という感じを受けたんです。香りとか食味は違いましたが、酒の仕込み用のコメとインディカ米で共通していたのは「ご飯として食べるとあまり食味は日本人には向いていない」という点でした。

このような体験がありましたから、タイ米(インディカ米)の緊急輸入が決まった時には「タイ米で酒を仕込んだらどーなるんだろう?」とひそかに思っていたんです。美味しい酒を造るためにコメのもっちり感やねばりをわざわざ削り取るということはだよ、もともと粘りが少なく、モチモチ感がしないタイ米はそのままでも酒造りには適しているってことじゃなかろーか?

普通のご飯として食べると日本人の食味に合わないのなら、飲料に使うのが適材適所じゃなかろーか? なんてことをすでに考えていたもんですから、何のためらいもなく「処分対象のタイ米」で酒を造ることにしたのでした。

タイ米から酒を造る……そのためには何はともあれこのタイ米をひとまずα化しなきゃナラン。α化とか言うと急に科学者っぽい感じですが、何のこたぁない、コメを炊けばいいのです。古道具屋にはいろんな道具類がありますから、タイ米を炊くことなど朝飯前。水は水道の蛇口をひねればいくらでも出てくる。味噌作りなどに使う乾燥麹は食料品店やスーパーでも買えます。細かいことはおいといて、炊いたコメと麹と水を大きなバケツに入れて二日も経てば炊いたタイ米が醗酵(はっこう)し始め、1週間から10日後には泡がブクブク出るくらい醗酵が進んでくる。醗酵が進めばコメのデンプンが糖分になり、糖分がアルコールと二酸化炭素になります。わかりやすく言いますと「どぶろく」ができちゃったということなんですね。

コメの醗酵というものは見ていておもしろいもんです。最初は麹の力でコメ（ご飯）のデンプンが糖分になりますから舐めると甘酒のようにあま〜いのですが、時間の経過とともにその糖分がアルコールと二酸化炭素になっていきます。そうすると甘味がどんどん少なくなっていき、その分アルコール濃度が上がってきます。やがて甘味がほとんどなくなり強いアルコール飲料になるのです。ここまでくると甘味＝ウマミが薄れてしまいます。だから美味しく飲むには、程よい甘味が残っていてそこそこアルコールもできているあたりが醗酵の「切り上げ時」なんですね。

ちょうどその切り上げ時が週末だったので知り合いの皆様にお声をかけ、古道具屋の店先で、タイ米どぶろくの無料配布をやっちゃいましたの。まぁどぶろくったってアルコール度数はいいとこ3〜4％ですから白濁して泡が出るビールのようなものなので、ろくに酔うこともない。真夏の炎天下、日曜の祐天寺商店街、老若男女約20人、古道具屋の店先で真っ昼間のどぶろく祭りです。それまでにも何十回となくどぶろくを作ってきた私でしたが、タイ米で作るどぶろくは乳酸菌が多くて口当たりのいい、さっぱりとした味（ちょっとカルピスっぽい味）でした。

タイ米＝長粒米（インディカ米）は短粒米（ジャポニカ）と比べて食味が良くないと判断する人がいてもいいのですが、だからと言って「処分してくれ」ではあまりに芸がない。言い方を変えれば食力がない。すし飯に使えなくても何か別の使い道を考えることができなかったんだろうか。どぶろくにしなくてもタイ米甘酒ならたったの1日で簡単に作れるし、これがアナタ、カルピスとかヤクルトっぽくてうまいのよ。しかもアルコールはゼロだからお子ちゃまでもOKなのね。なんで日本人はもうちょっとタイ米の使い道を考えなかったんだろう。沖縄名物の泡盛だってタイ米を上手に使っているいい例ですもんね。あわもりだって……んっ？……あわもりかぁ〜とあたしもどぶろくあたまでかんがえた。

このタイ米どぶろくを蒸留(じょうりゅう)した焼酎＝泡盛ではないかっ。なんで気がつかなかったんだろ。蒸留はビンボー学生の頃に何度かやったことがあったから、簡単じゃん！　やってみるか。

セット販売で買わされたタイ米が遂に泡盛作りにまで昇りつめたのでした。

★自家製蒸留器の原点は「The Great Escape（大脱走）」という映画だった

蒸留酒を作るための装置はこのようなものです（左上図）。焼酎、泡盛、ウイスキー、ウオッカなどの蒸留酒はおおむねこのような仕組みで作られます。この図ではどぶろくを沸騰させていますが、これをワインに代えると「ブランデー」になり、トウモロコシや麦を醗酵させた液体にすると「ウイスキー」や「バーボン」ができるのです。

簡単に解説しますと

・どぶろくを入れた鍋を火にかける
・沸騰して蒸気が出てくる
・蒸気が鍋ぶたのパイプを通る時に冷却されて液体（アルコール）ができる

このような仕組みで焼酎やウイスキーのような蒸留酒ができるのです。ですが……ビンボー学生にこのような蒸留設備はとても作れませんでした。作れませんでしたが、やる気だけはありました（「やる気」というより「呑む気」ですが）。そこで食力の原則通り「身近にあるもので工夫する」を実行した結果がこのような蒸留システムだったんです（左下図）。どぶろくを入れた鍋を火にかけるところは変わりませんが、どぶろくの真ん中に空の丼を

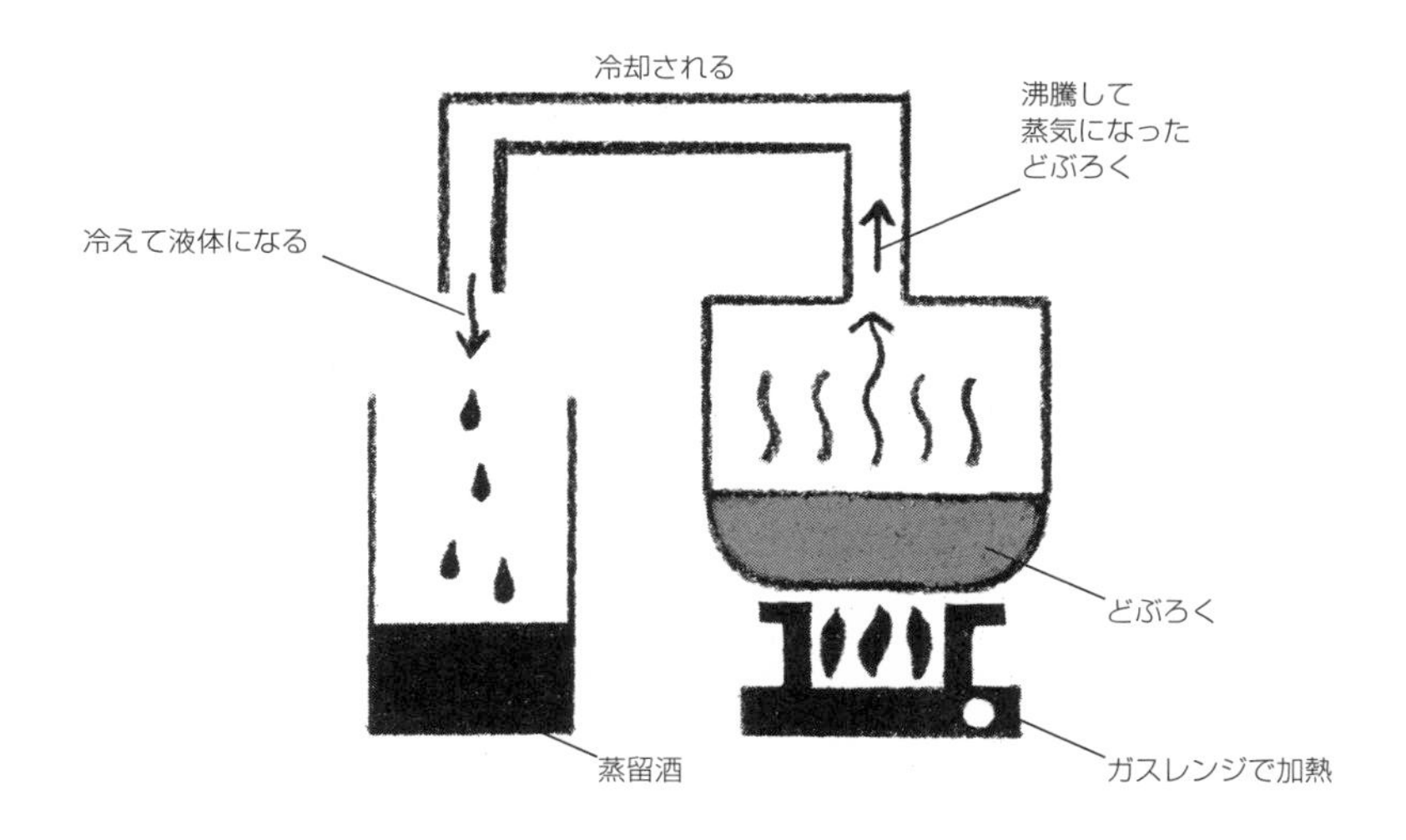

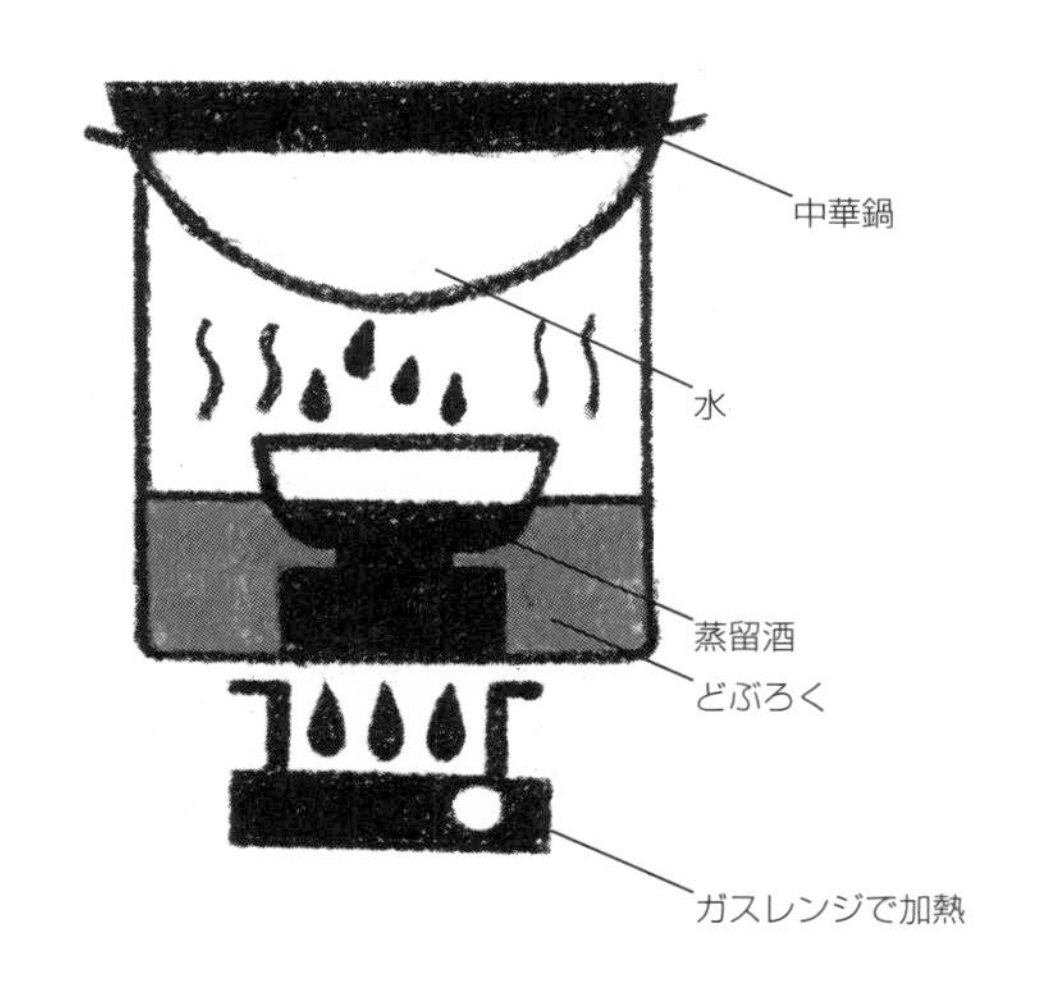

(上) 蒸留酒を作るための装置 (原理)
(下) ビンボー学生時代に実行した“うおつか流”自家蒸留システム

セッティングします。鍋ぶたの代りに水を張った中華鍋を乗せておく。たったこれだけの装置でしたが、何と、こんな装置でも蒸留ができたのです。

加熱されてどぶろくが沸騰する。蒸気が立ち上る。その蒸気は中華鍋の底面にぶつかる。中華鍋には冷水が入っているから鍋底にぶつかった蒸気はたちまち冷却されて液体（アルコール）になり、液体は重力に導かれて中華鍋の中心へ流れて行き、鍋底にセッティングされた丼めがけてポッチャンポッチャン溜まってゆく。

まぁ気の長い仕事ではありましたが、途中でどぶろくをつぎ足しつぎ足ししながら、半日くらい続けると丼に二杯くらいの蒸留酒ができたのでした。

これが１９７０年代に若気のナントカで体験した自家蒸留でした。当時、農学部の学生だったので手に入った薩摩芋（さつまいも）とか、葡萄（ぶどう）、研究材料として使用済みとなった古古米なんぞを使ってのどぶろく作りは何度もやっていましたし、蒸留酒にも挑戦していたのでした。自分で蒸留を実際に行ってみた後、「これ、何かの映画で見たようなシーンだなー」と思いだしたのが往年の名画「The Great Escape（邦題「大脱走」）」だったんですね。あの映画の中でスティーブ・マックイーンたち米兵捕虜3人組が、米国独立記念日用に捕虜収容所の中で蒸留装置を手作りしてイモ焼酎を造るシーンがあったんです。その後幾度となく見返してみた映画ですが、食力の原点を見たような気がいたしました。

★1993年に見たコメと日本人の姿

この年は夏が来ても日照不足が続いて気温は上がらなかったので、水田の稲に実が入らず、刈り取ったコメも未熟米が多かった。夏を過ぎるころから今年のコメ不足は間違いないと多くの人がうわさをしていた。事実コメの作況は例年の75%だったから近年まれにみる不作だった。この75%のコメで翌年平成6（1994）年のコメの収穫まで持ちこたえなきゃならない。

そのコメ不足の1年間で目にした日本人とコメのかかわり方、人間模様を並べてみました。

農業関係の報道に関わっていた記者&農業関係の出版に関わっていた編集者

二人とも男性で当時40歳前後だった。稲作の現場を取材していたから夏が来る頃にはコメの不作に確信が持てていた。そこでこれまでのつてを頼って保存性のいい玄米60キロを買っておいた。

「ま、これでうちの家族の分は確保できたからあわてることはないんですよ。玄米だから、家庭用精米機もついでに買っちゃったから、ちょっと出費がかさんだけどね」

二人とも全く同じことをやっていた。

契約栽培米の会に集まった人々

新潟で20年以上も無農薬有機栽培米作りを続けてきた友人が「私のコメ作り法ならこの程度の冷害でも品質、収量とも全く問題はなかった。そんな有機栽培米を知ってもらうために東京の皆さんにもうちのコメを一度食べてもらい、身近な有機栽培米の買い支えをやってほしい」と名乗り出てくれたので、東京で「お握りシンポジューム」を開催して、有機農業の普及と買い支えのための契約拡大を行いました。私が司会進行をして会場には生協や大学教授らが約100人以上集まり、友人の有機農家は朝一番の新幹線で新潟から数百個のおにぎりを運び込んでくれました。スライドで田植えやトンボ、蛍が飛び交う景色などを見てもらい、有機栽培の必要性と有機栽培米のたくましさを熱く語ってもらったんですな。入場無料、おにぎりも新幹線代もすべて有機農家の自腹で行った。

現在100人以上の顧客に有機栽培米を提供している友人は「あと50人くらいは契約を増やせるがそれ以上は無理なので、ほかの人は東京近郊の有機栽培農家と契約してほしい」と言ったんですが、あっという間に50人以上のヒトが来年の契約をして帰っていきました。そのシンポジュームの最後に私から参加者の皆に対して一言お願いをした。

「今のコメ不足で懲りてるから困った時のナントカで契約するのはやめてほしい。コメ余りになってもこの人の有機栽培米に賛同して買い続けることは約束してほしい」と。

みなさん、「当然ですよ、私この人の人柄にも、考え方にも感銘を受けましたから、ずっとお付き合いいたします」と喜んで契約を交わして帰っていきました。しかし翌年、再び契約を更新したのは1割もいなかった。

あの会場で新潟から運び込まれたおにぎりをほおばりながら「うまーいっ! ホンモノのコメ作りができとる。わたしゃ、もうこのコメ以外は喰わんゾ」と大声を上げていたある著名な評論家さんも翌年の契約はしなかった。何かの会合で会った時に「新潟の有機栽培米、今年はいらないの？」と聞いたら「いやぁ、もっとうまいコメに出くわしちゃっもんだから〜そっちを買うことにしてね〜」と悪びれることもなく笑い飛ばしてましたね。

冬の間、東京の工事現場に出稼ぎに来ていた東北のコメ農家

平成5（1993）年頃は冬場の出稼ぎもまだまだ多かった。東北のある県には「出稼ぎ者支援事業」というのがあって出稼ぎ情報とか、出稼ぎ者の保険業務とかのサービスをしていた。その東京事務所に行って出稼ぎしているコメ農家の人たちが東京でどんなコメを食べているのか？　を取材した時に聞いた話。

自分の田んぼでは例年並みにコメが穫れたがJAからできるだけたくさん出荷してほしいと言われたので自家用を除いて全部出荷した。冬の間東京では出稼ぎ先の〇〇興業の宿舎で食べるから、自前のコメは持ってきていない。しかしその宿舎のコメが「なーんだかぁパサパサしたのがまじっているようで、あんまりうまぐねぇんだわ」ということだった。その宿舎のご飯のことを詳しく聞くと「米粒のなかにほそなげーコメがまじっててな」と言ってたから、〇〇興業の賄い食ではタイ米ブレンドのコメを使っていたと思われます。まれに見る

ような冷害の年に立派に育てた自慢のコメはすべて消費者に食べさせ、自分は「あまりうまぐねぇ」コメを食べていた。そんなコメを食べてでも出稼ぎをしなきゃならないほどコメ農家の所得は少ないということだった。

★そしてタイ米をどぶろくにした古道具屋のおいさんは

あたしゃいくらつてがあっても買い占めることはしなかった。というよりコメが無くても何か別のものを食べればいいやと思っていた。別にコメが嫌いなわけじゃないけどコメだけが主食とは思わなかった。昭和30（1955）年以前の料理本を見ると米不足を補う食べ方がたくさん載っていたので、片っ端からやってみると、結構いい食生活であることもわかったのです。

コメに麦を加えて炊くなんていうのはほんの序の口で、粟（あわ）、稗（ひえ）などの雑穀飯（ざっこくめし）とか、じゃが芋や里芋を加えた餅（もち）（もどき）とか……、バラエティに富んだ食べ方をご先祖さま方はやっていたことを知ったのです。

平成5（1993）年の米不足、輸入タイ米騒動が教えてくれたのは「日常の食料がほんの少し不足しても、食力の無いヒトは狼狽しちゃうんだな」ってことでした。買い占めたり、タイ米を他人に押し付けたり、契約栽培を裏切ったり……ソンナ　ジブンニハ　ナリタクナイ　と思いました。

【其の六】

ブロイラーが地鶏、ムネ肉がサラダチキンに!?

★かしわ・しゃも・ぢどりの礼賛

近頃の鶏肉は水っぽくっていけないね〜。噛みごたえもなくって、ぶよぶよしてんだなぁ〜。むかしの「かしわ」とか「しゃも」がなつかしいね〜。

昭和の時代に嫌というほど耳にした大人たちの鶏肉談議でした。

農家の庭先で放し飼いにした鶏はそのくちばしで地面をつつき、地中の虫をついばんで育ちます。そんなのどかな放し飼いの鶏の肉が肉屋に並んでいた時代は遠い昔のことです。普通肉用鶏は半年以上飼育して出荷しますが、それを2〜3ヵ月の飼育で出荷できるように品種改良してできたのが、今日われわれが「とりにく」と呼んでいるブロイラーなどですね。飼い方も肉用鶏は庭先の放し飼いでなく、密閉した鶏舎での密集飼い、採卵鶏になると1羽ずつのケージに入れたりするのが昭和の頃は多かった。それはできるだけ鶏に運動をさせずに早く太らせること、たくさんの卵を産ませる効率性の向上が目的だったからでしょう。ブロイラーは鶏肉を効率よく生産してより安く供給するために戦後取り入れられました。普通の鶏よりずっと少ないコストで生産できるんですから、消費者は安く買える！　と喜んだものの、その味、噛みごたえは？　と言いますと、冒頭に書いたような感想が述べられていたのです。曰く「水っぽくてぶよぶよ……」と。

まぁブロイラーほどではないにせよ、戦後の鶏肉が全体として水っぽくぶよぶよになったことは確かでしょう。グルメで知られる著名な作家たちの食エッセイを読むと、昔の地鶏礼賛と戦後の鶏肉こき下ろしが目立ちます。

「昔の地鶏はうまかった。今でもそんな地鶏を扱う店が○○町に1軒だけあって、私はそこで特別に取り寄せてもらって……」などと書かれていたんですな。言ってることはわからんでもないが、そんな「特別に取り寄せる」なんて、あたしらにできるもんではなかろーもんとひがみますわな。でもひがんでいるだけでは進歩がない。ブロイラーしか買えないひがみをバネにして、嫌われもののブロイラーの味改造に挑むのでした。

水っぽい……ぶよぶよしてる……だからマズイ。なるほど、マズイ理由がわかってんだったら、水っぽさを取り去ってぶよぶよの身を引き締める方法を考えればいいんじゃない？といたって単純に考えたんですね。１００グラムあたり50円の鶏肉でごはんのやりくりをしている二十歳前後のビンボー学生だったボクに、グルメ作家が「特別に頼んで取り寄せる地鶏」なんて絶望的なくらいに高かった。とてもじゃないが買えません。しかし絶望的であっても失望はしなかった。お金不足は知恵とスキルで補うのが食の道である！　という信念のもと、安い鶏のモモ肉やムネ肉を地鶏っぽくレベルアップする方法を開発したのです。本人はレベルアップと思っていましたが、周りの人々は「偽装地鶏」などと揶揄しておりました。

★水っぽさとぶよぶよをなくすためにやったこと

水分を抜いちゃえばいいんでしょ？　ということでやったのが……

全体に塩をたっぷり摺り込んで裸のまま2〜3日寝かせる。こうすると塩分が肉に染み込み、肉の水分が外に出てきます。水分が出てしまうことで身が締まってくる。肉のタンパク質がウマミ（アミノ酸）に変化してくると、水っぽさが減らせて味にコクが出てくる。最初は冷蔵庫に入れたり、冬の寒風にさらしたりしましたが、真夏のお日様に直接さらしても大丈夫でした。夏の太陽↓肉が腐ると思われるでしょうが、塩をたっぷり摺り込んでおくと防腐作用も効きますから肉が傷む前に水分が抜けるのでした。

このように多めの塩をまぶして熟成させると……

・身が締まり
・ウマミ（アミノ酸）が作られ
・保存性がよくなる

のです。フッーのスーパーでフッーに特売品として並んでいる鶏肉を「塩まぶし熟成」するだけで、信じられないくらい美味しくなったし、傷みにくく保蔵性もよくなったんですから、万々歳でしたの。

ビンボー学生だった頃、ひがみ半分で読んでたグルメ作家の食エッセイによると、彼らはお取り寄せした○○地鶏の高級肉を買ったそのまま、何も手を加えずに焼いて食べていたようでした。「ほんものは余計な手を加えん方がうまいんじゃ」とでも言いたいんでしょうな。

あたしゃ平凡な生活者が、身近なお店で無理せずに買える程度の食材を、自分の手を使って可能な限り美味しく食べられる力こそが「食力」だと思って生きてきました。ご近所で買える特売品の鶏肉を高級地鶏並みに仕上げることこそ食の道と考えたんですな。仮に高級地鶏並みに仕上げたところで、その特売鶏肉を「地鶏じゃ」と偽って売るわけではない。自分や家族の食べるシアワセのためにやってんですもん、誰もだましてはいないからこれは偽装ではないのです。

★生放送でやった「どっちが地鶏？ 食べ比べクイズ」

いつの時代も食品偽装が途絶えることはありません。〇〇が美味しい！ と話題になると、すぐさま〇〇の模造品が売り出される。馬肉や鯨肉を「牛肉」と偽装して売ることも多かった。金儲けのために人をだますのが食品偽装です。

21世紀に入った頃、ブロイラーを地鶏と偽って販売した事件や、豚肉だけのハムのはずなのに古くなった内臓や血液まで混ぜ込んで造ったハムを販売した事件が話題になりました。

同じ頃中国から輸入した冷凍餃子に毒が混ざっていた事件も発生したため、テレビのニュースワイドでは「食の安全と偽装食品問題」が取り上げられていました。テレビ局のディレクターたちは食に関するコメンテーターを探しているうちに本の中で地鶏もどきの作り方や霜降り牛肉もどきの作り方などを書いている不思議なおいさんの存在に気がついたんですな。北海道のテレビ局から声がかかり、年末の生ワイド番組で地鶏vs.偽装地鶏（ブロイラー）

の食べ比べクイズができないか? との打診が入ったんです。「材料費はナンボかかってもかまわんから」と言われたものの、偽装に使うブロイラーなんて所詮100グラムあたり60円前後ですから知れたもんですがな。

目黒のスーパーで購入した100グラム60円の鶏肉に塩を摺り込んで48時間寒風にさらした「偽装地鶏?」を持って札幌入りです。札幌のテレビ局では秋田の比内地鶏（100グラム500円くらい）を用意してもらい、当日の生放送中にそれぞれの鶏肉を一口大に切ってホットプレートで焼いて出演者の皆さんに食べてもらうのです。テレビでおなじみのコメンテーター、女優さん、日本ハムファイターズの選手などなどの有名人が比内地鶏と偽装地鶏を試食してみて「どっちが本物? どっちが偽装?」クイズです。試食前にはいわゆる偽装方法は全く公開せず、先入観ゼロで試食に挑んでいただいたんですが、本物と偽物の味が拮抗していたため、全員が首を傾げて「こまった」状態になっちまったんです。司会者が困ってしまって、

「さあ〜、どーしたもんでしょうか〜、偽装仕掛人のうおつかさ〜ん、どっちがほんとーの地鶏なんでしょうねー、実は私も知らされていないんでわからないんですよう〜」

なんて言うもんですから、もうこの段階でばらしちゃっていいのかしら？　とディレクターに目線を送りますと、アシスタントさんが「ＣＭ入ります」のフリップボードを掲げていたので、ほっとして「正解は、ＣＭの後で……」と逃げちゃった。その後3分間のＣＭ中、スタジオ内は意見、相談、憶測、かんかんがくがく……、ある女優さんに至っては初対面の私にすり寄って来て「ね～、ほんとーはどっちなんですかぁ」と美貌に物を言わせた明らかなルール違反までする始末です。ＣＭ明けに司会者が「さあ、皆様、どっちが本物の地鶏か？青と赤の旗をあげてくださいっ、どーぞっ」ってな感じで皆様を促しますと首をひねりながらも青と赤の旗をあげましたが、偽装したニセ地鶏を比内地鶏と判断した人の方が多かったんです。

ニセ地鶏を本物と思った人の感想を聞きますと、

・噛みごたえがしっかりしていた

・ウマミというかコクがあった

・鶏らしい香りがした

という答えが返ってきました。

本物の地鶏を見事見分けることができた数少ない正解者のなかに日本ハムファイターズの選手がいたので感想を聞いてみると、「自分は本物の比内地鶏を食べたことはないけど、ニセ地鶏の方は本物と比べて美味しすぎるところに違和感があった」と答えてくれたんです。なんとなく野生の味覚を感じさせる答えでした。

このような実験を通して言えることは、ヒトはラベルや肩書の先入観に左右される生物なんだということです。比内地鶏というラベルがあるから美味しい気がする。特売品というラベルを見ると美味しくもないだろうと決め込んでしまう。

いずれも自分の味覚で判断してはいないんですね。それじゃぁアナタ、偽装の餌食(えじき)にもなりますわなっ。

★家庭で鶏をさばいていた日本人

料理屋が行う専門家の料理に対して「家庭料理」という言葉が使われるようになったのは明治時代の中盤以降のことです。大正時代になると家庭の婦人を対象とした家庭料理の教本が出版され始め、やがて『婦人之友』『主婦之友』『婦人倶楽部』などの生活雑誌に家庭料理本の附録が付くようになるのが昭和になってからでした。

昭和3（1928）年以後の婦人雑誌附録料理本を200冊以上集めて分析してみると、家庭の台所でできる「鶏のさばき方」が多く目につきました。そのほとんどが丸ごと1羽の鶏を絞める（殺す）ところから始まり、肉から内臓に至るまでの処理法、調理法が図解、写真付きで解説されていたのです。言うなれば料理の本でよく見かける「鯵のおろし方の図解」と同じレベルで「鶏のさばき方の図解」が取り上げられていたのです。現代の人から見たらブキミな光景かもしれませんが「鶏をさばく」ということは家庭料理の技術として習得してほしいものだったのでしょう。

左ページの資料は昭和30（1955）年に主婦の友社から出版された『料理文庫・肉料理』に掲載されていた「鶏のおろし方」のなかの1ページです。ここでは生きた鶏ではなく絞めて、毛を抜き取った後の鶏を丸ごと買ってきて自分でさばく方法を伝授していますが、戦後20年経った頃でも自宅で丸ごとの鶏をさばくことは特別なことではなかったということなのでしょう。

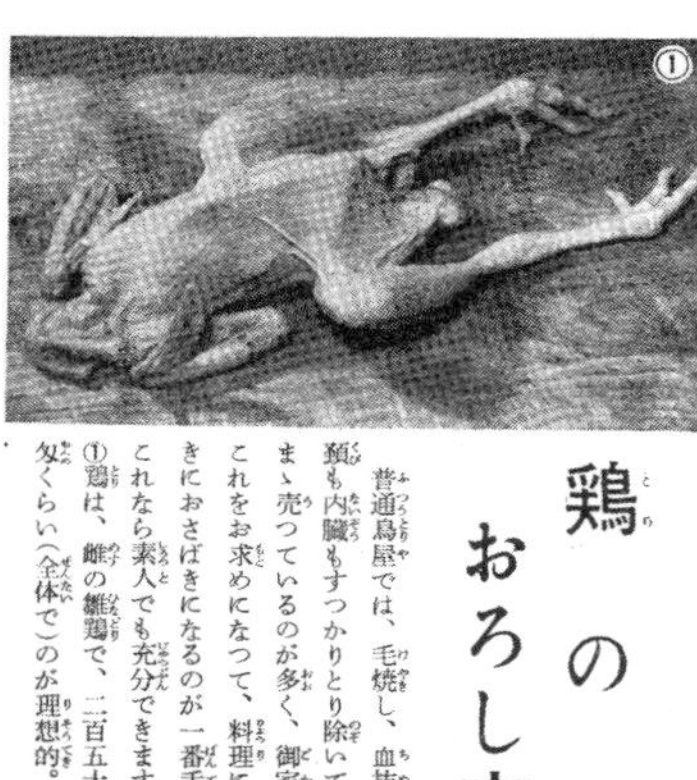

鶏のおろし方

普通鳥屋では、毛焼し、血抜きし、頚も内臓もすつかりとり除いて、形のまゝ売つているのが多く、御家庭ではこれをお求めになつて、料理により好きにおさばきになるのが一番手軽で、これなら素人でも充分できます。

①鶏は、雌の雛鶏で、二百五十〜三百匁くらい（全体で）のが理想的。

②まず両腿の附根の内側に庖丁目を入れて、皮を切り、ぐつと後に開くように引つ張ると、写真のように、腿の附根の関節が出てくるから、

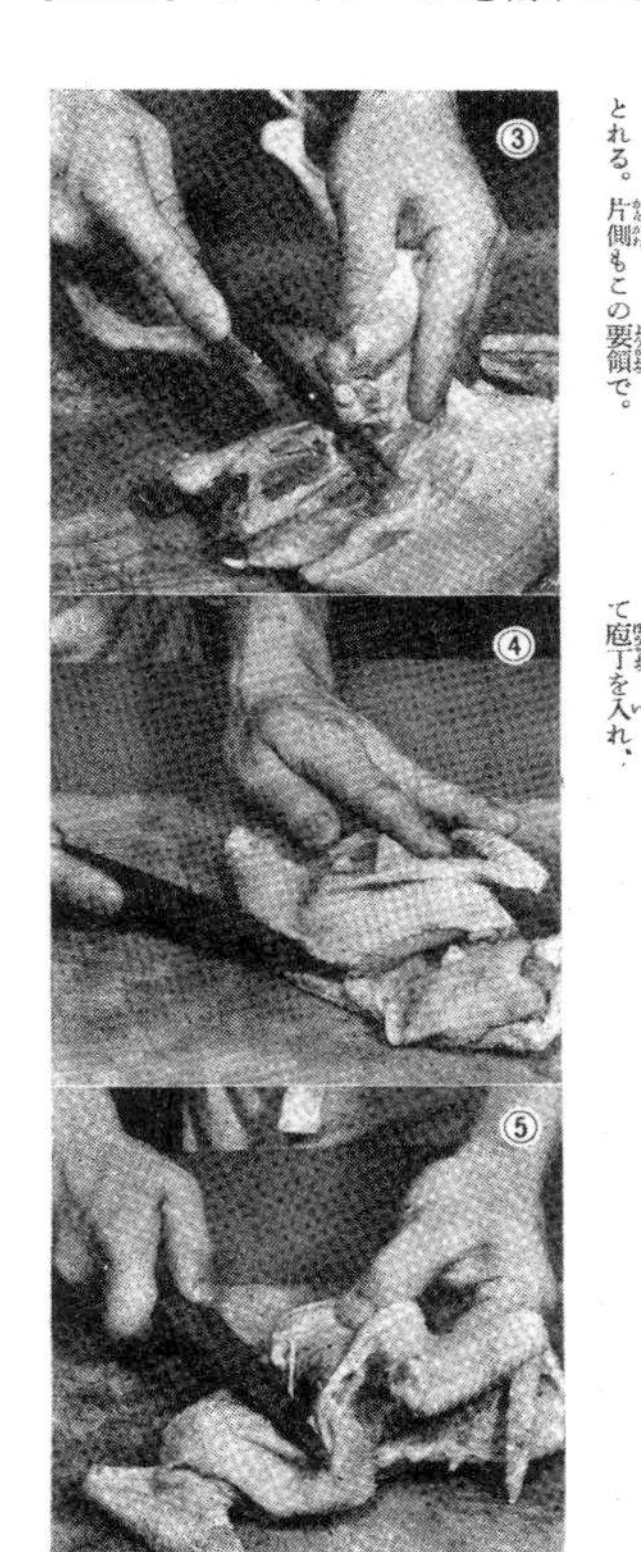

③後の方から、そこに庖丁を入れてはずし、そのまゝ下方へ引つ張ると、腿肉がとれる。片側もこの要領で。

④次に手羽の肉をはずす。まず背の方を手前におき、頚筋の脇から、胸骨に沿つて庖丁を入れ、

⑤少しはがしたところに、胸部の関節があるから、これを切り、

このような過去の資料を探しているうちに戦前の雑誌で鶏肉の食べ方に関するものが見つかりました。お正月をひかえた年末の農家では正月のごちそう（お節）用に飼っている鶏を1羽絞めます。首を切って絶命させることから始まり、熱湯につけて毛をむしること、内臓を取り出して腑分けすること、傷むのが

早い内臓の処理方法、切り分けた鶏肉の熟成保存方法……と続いていました。そこに書かれていた「鶏肉の熟成保存方法」がまさにブロイラーを地鶏風に偽装するテクニックとほぼ同じだったんです。切り分けたモモ肉、ムネ肉、手羽肉などに塩を摺り込んで、風通しのよい軒下に吊るしておくと正月まで保存できるばかりでなく、熟成してより美味しくなるとのことでした。冷蔵庫が無かった時代ですが年末の寒さのなかで軒下に吊るせば腐りはしなかったのでしょう。しかも塩を摺り込んでいるから防腐作用も働いていたでしょう。こうして軒先で4～5日熟成した鶏肉でお雑煮を作ると美味しい出汁も出ます。

このような過去の日本人が行っていた鶏の食べ方（処理、下拵え）を振り返りますと、庭先で放し飼いしていた鶏が、閉め切った鶏舎で短期間で育てられた鶏に代わったことだけが「水っぽくてぶよぶよになった」理由ではないのではないか？　と思うようになってきました。鶏の種類そのものが違うことは確かです。一方はこんにち「地鶏」と呼ばれるような品種だし、片や大量速成飼育を目指して改良された「ブロイラー」などですから持って生まれた形質に違いはあるでしょうが、処理法、調理法で万全を尽くせばそれなりに美味しく食べられるはずです。そこに目をつけてやってみた結果がテレビ番組の中で多くの人々をだまらせるくらいの地鶏偽装だった……ということでした。

買ってきた鶏肉に塩をまぶして数日置くだけで美味しくなる、このような体験こそ食力をつける活きた食育ではないでしょうか。農家に出向いて草取りとか芋掘りなどの真似事体験もしないよりゃいいでしょうが、美味しく食べることに直結する台所術の方が実用的ではないかと思いますの。

スーパーの魚売り場に行っても丸ごとの魚を見かけることが珍しくなってきました。ましてや鶏を丸ごと1羽買うなんてよっぽどの料理好きでなきゃやらないでしょう。

魚や鶏をさばく「手を汚す仕事」は他人に任せる。腐らないように保存する仕事は冷蔵庫に任せる。手を汚すことも悩むことも他人に任せ、自分は美味しく食べて「命をいただきましてありがとうございます、ごちそうさまでした」と手を合わせるだけのヒトに食品偽装は見抜けないかもね。

★輸入鶏肉でサラダチキン

「サラダチキンって知ってますぅ?」と聞かれたんで、「知ってますとも、蒸した鶏肉をその繊維に沿って裂きイカみたいに細ーく引き裂いたのを使ったサラダでしょ」と答えたら、「ちがいますよぅ～サラダチキンって名前のお惣菜じゃないですかぁ～」と驚かれてしまいました。

低カロリー、低脂質の鶏のムネ肉から皮を取って蒸し、真空パックしたものをサラダチキンという商品名で販売してるのね。こりゃいいところに目をつけたもんだわ。鶏肉業界ではあまり人気の無かったムネ肉の新しい市場を開発できたんですもん、してやったり！ だったでしょう。

昨今の鶏肉料理の売れ筋で言うと人気No.1は唐揚げでしょう。この唐揚げに使われるのは主に鶏のモモ肉です。脂の少ないムネ肉の唐揚げより脂の乗ったコクのあるモモ肉の方がよく売れるんだから、ムネ肉は敬遠されるというのもわかります。そうやって敬遠されてきたムネ肉を利用した商品がよく売れだしたということは、いいとこに目をつけたもんだと喜んだものの、実際に販売されているサラダチキンを手に取ってみて驚きました。

いくつかのメーカーから発売されていますが、そのなかには輸入品の鶏肉を使用したものがありました。国産の鶏ムネ肉が売れ残るからそれを有効利用してるんだろーなーと思いきや、より安く買える東南アジアや南米から輸入した鶏のムネ肉を使っています。そこまでコストを下げてるんだからよっぽど安く売ってるんだろうと値段を見ましたが、そう安くもない。国産ムネ肉がスーパーで100グラムあたり40円から70円で買える時代に、サラダチキンの方は100グラムあたり375円とか400円とか……。結構高いじゃん。パック詰めのサラダチキンにはその鶏肉が国産とか○○国産とか表示されていますが、サラダチキンを使ったお惣菜のサラダとなると表示が無くなります。惣菜製造業者の間では、安い輸入鶏肉を使ったサラダチキンを使うのはもはや常態化しているようです。

サラダチキンの現状を直視してこんにちのブームを分析しますと、「低脂肪、低カロリーで、手を加えずに食べられること」が売れてる原因と思われます。国産か輸入肉か？ は、できれば国産がいいけど……程度ではないかと思われるのです。しかし日本の食用鶏肉生産現場ではどうしても需要はモモ肉に集中し、ムネ肉は売れ残りがちになっています。「食糧は残さず食べつくそう」という人は多いけど、残りそうな食糧を買い支えようという人はあまりいない。だったらワシがムネ肉を使っちゃおう！ と、ムネ肉を買いに出かけたのでした。

100グラムあたり45円というチラシ広告を手に……。

★安い国産ムネ肉でサラダチキンは作れますぅ

ムネ肉はモモ肉と比べて確かにパサパサするしウマミも少ない。だから下拵えをしっかりして美味しく食べる方法が工夫されてきました。先の地鶏偽装の時と同じように、うちでは塩を摺り込んでから2日くらい乾燥、熟成させてから蒸したり焼いたりしておりました。このような下拵えを施してから蒸せばいともたやすくサラダチキンが作れるのです。しかも家で作る時は塩漬けの後、熟成させたムネ肉を蒸す時、このムネ肉をラップでピッチリくるんでから蒸しております。こうして蒸し上がったものをそのまま冷ますと、ラップはムネ肉に密着しますからまるで真空パック並みの気密性が保てます。これ、ホントーに真空パック並みで、3週間くらい常温で放置しておいても傷みませんでした。まぁこの時はよほどラッピングが上手くできていたのでしょう。もしラップに隙間があったら傷んでいたと思われます。

そしてそのチキンを食べた編集者のヒトが「これはいけますねっ」と喜んでくれ、その後、一つの企画が立ち上がりました。それが、パルシステムのWEBサイト「KOKOCARA」で公開されている私の連載「今日からできる台所術」(※)。編集部の若き二人が、わが魚柄ラボで今日からできる料理スキルを身につけるべくトライするドキュメントです(2020年現在も連載中)。そのなかからムネ肉を扱った「第3回　塩と冷蔵庫でできちゃう〝熟成〟。「チキン棒」を作ってみた!」をこちらに再録します。

(※) KOKOCARA台所術の記事一覧バックナンバー
URL→ https://kokocara.pal-system.co.jp/keyword/kitchen-skill/

［今日からできる台所術］

塩と冷蔵庫でできちゃう〝熟成〟。「チキン棒」を作ってみた！

「忙しくて料理ができない」「どうやって料理の基礎を学んだらいいのかわからない……」。そんな悩みを抱えながらも、食文化史研究家・魚柄仁之助さんの指南のもと、いわしの手開きに保温調理と、食材の持ち味を引き出すスキルを身につけてきた、編集部の若手・高橋と小林。三度目となる来訪を果たした二人を待ち構えていた今回の課題は〝熟成〟だった。

❖おうちでできるしっとり鶏ハム、名づけて「チキン棒」！

「行楽シーズンですなあ。お花見弁当に、こんな一品はいかが？」。魚柄さんが差し出したのは、魚肉ソーセージを思わせる、何やら棒状のもの。手際よく包丁で切って「さあどうぞ」。

「いただきます！　ん、おいしいっ！　ハム、ですか？」（小林）。小林はそう言いながら、さらにもうひと切れパクリ。

「正解。手ごろな鶏ムネ肉で作った細巻きの鶏ハム、名付けて『チキン棒』！　もちろん、わが家の自家製ですぞ」。小林の食べっぷりに、早くも魚柄さんの〝ニヤリ〟が飛び出した。

高橋も、「手作りハム、聞いたことはあるけど、作ったことないです……」と言いつつ、箸を伸ばす手が止まらない。

あっという間にひと皿を平らげると、「どうやって作るんですか!?」「味付けには、何を使っているんですか」。すぐさま質問タイムが始まった。

にじり寄る二人の前に、魚柄さんが差し出したのは、小さな壺。「味付け？ そんなの、これだけよ」。ふたを開けると真っ白で、サラサラの……塩だ。

「えっ、塩だけ!?」

「そう。塩とは、単に塩味をつけるだけの調味料じゃありまっせん！ 最も身近で手軽な食材の熟成法。それが、〝塩漬け〟なんです」

そう言うと魚柄さん、バットに乗せた鶏肉を運んできた。「それじゃ、今日も実践あるのみ。やってみましょ！」

鶏ムネ肉の皮を取り除き、厚さを半分にそぎ切りしたら……塩をパラリ。全体に軽く摺り込むと、「はいっ、こ

❖〝塩漬け〟は、最も手軽で身近な熟成法

ある程度の日数保存したいなら、100g の肉に 10g の塩が目安

れで塩漬けは終わり」。

「これで完成、ですか？」（高橋）

「いやいや、これはあくまで『塩漬け』の工程。しっかり保存するためには、あと一押し」。魚柄さんは鶏肉を網の上に乗せる。

「保存したいっていうことは、腐敗させたくないわけですな。じゃあ、腐敗の原因はなんだと思う？」

「うーん……雑菌、でしょうか」

「じゃあ、その雑菌はどこにいるか。菌の温床は、水分なんです。塩漬けは、雑菌を塩で繁殖しづらくするのに加えて、この水分を食材から追い出す工程でもある。今回はさらに念入りに、干して乾燥させることで、水分を飛ばしてみましょ」

鶏肉が乗った網をバットに乗せ、魚柄さんが向かったのははなんと、冷蔵庫。棚にバットを置くと、扉をパタンと閉

じた。

「あれっ、干すのでは……？」

再び驚きの声を上げることとなった二人に、魚柄さんはまた「ニヤリ」。

「冷蔵庫っていう名前にとらわれてちゃあ、いけません。冷蔵庫とは、一定の低温が保たれ、ゆっくりと風が回っている箱なんです。これ、『干す』のにぴったりの環境ですぞ。ちゃんと冷蔵庫を清潔にして、整理していれば、ね」

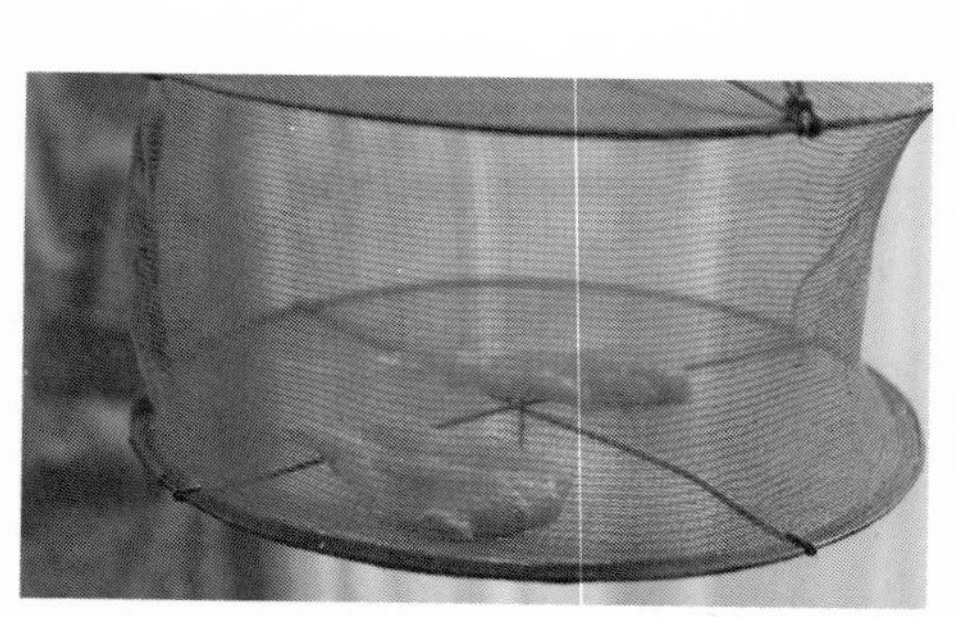
魚柄さんは気候に合わせて干し網で天日干しにすることもあるという。冷蔵庫乾燥なら72時間、天日干しなら24時間が目安だ

❖ラップ巻きで、きっちり抜気。仕上げは蒸して、うまみ逃さず

「はい、こちらが塩して、三日三晩冷蔵庫で干した熟成鶏肉です」。冷蔵庫から戻った魚柄さんの手には1枚のバット。すでに塩漬け・乾燥を終えた鶏肉が数枚並んでい

る。

「これをラップで巻いて、チキン棒にしていきまっしょう。ポイントは、肉を巻きやすいように端をカットして長方形に整えておくこと、そして巻きながらきっちり抜気すること！　ただし、力みすぎるとラップが破けちゃうから、巻きずしを巻くイメージでね。ラップを『すしのり』だと思うといいですゾ」（魚柄さん）

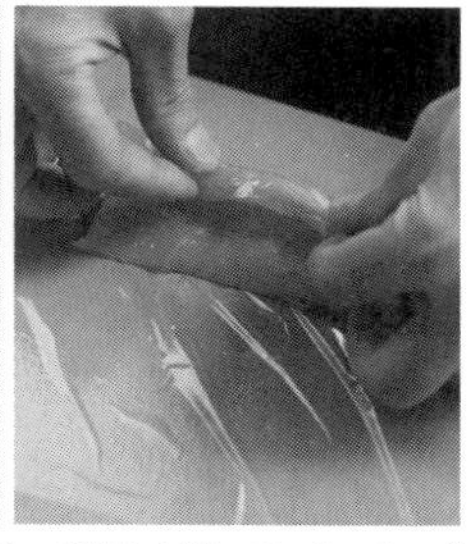
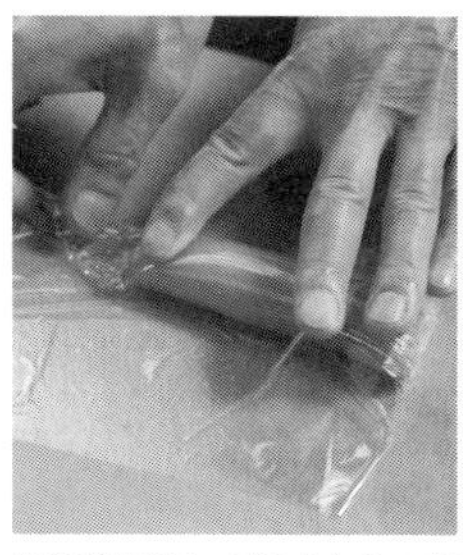
肉の両端をラップの上からつまみ、手前から巻いていく。ラップの両端は最後に折ってまとめて、一本に

「押さえつけすぎて、ラップがやぶれたー！」（小林）

魚柄さんの指南を受けながら、二人のラップ巻きがスタートした。
二人がなんとかチキン棒を巻き終えると、魚柄さんは「ゆでてもいいけれど、うまみを逃しにくいのはやはり『蒸す』！　ラップで包んだだけの肉も蒸しまっしょう。これはこれで、割きやすい『サラダチキン』になりますから」と、すぐさまアツアツの蒸し器へ。しっかりと湯気が立った状態で、15分程度じっくり加熱して完成だ。

端肉を合わせて巻いたチキン棒や、巻かずに包んだだけの肉もある

「蒸した後十分に冷ませばラップがぴっちりと鶏肉に張りつき、密閉に近い状態が保てますぞ」（魚柄さん）

❖「熟成」とは、保存性とおいしさを高めるスキル

ここで本日2度目のお楽しみ、試食タイムの始まりとなった。

「『塩漬け』『乾燥』でおいしくなるのは、なにも肉だけじゃありませんぞ!」

できたてのチキン棒とともに、魚柄さんが披露してくれたのは、さつまいもに人参、しその実、そしてイワシ。すべて塩を使って、冷蔵庫で熟成保存されていたものだ。上の写真の右手前は鹿ジャーキー。さらに、数回の燻製も行っている。

「冷蔵庫がなかった時代も、人はこうして塩や乾燥などを駆使して、何とか食材を腐らせずに食べきろうとしてきたんですなあ」(魚柄さん)

「しかも、チキン棒もこのさつまいもも、うまみや甘みが増して、おいしいですよね」(小林)

「そう。おいしくなるのです。これは、うまみ成分が増えるからなんですが……ワタシはね、これひょっとしたら、

人類の脳の進化によるものかも？　なんて、思っているわけです」

❖熟成をおいしいと感じることこそ、「人類の知恵」？

「なぜ、うまみ成分をヒトは『うまい』と感じるのか？　それは塩漬け食材や、保存食を好んで食べるようになるために、人間の味覚のほうが進化してきたんじゃないか、ってワタシ、思うんです」

意外なところから始まった、魚柄さんの「食文化史的進化論」。

「食糧生産や調達が不安定で、食材を保存して食べることが欠かせなかった長い歴史のなかで、保存した食材の味をうまい！　と楽しめるよう、味覚を進化させてきた人類——。そう考えてみると何ともいじらしい、生き残りのための努力じゃありませんか。それなのに、冷蔵庫に依存して食材をそのまま放ったらかし、腐らせてしまっていたら、せっかくの人間の進化が台無しっていうもんでしょう？」

そして魚柄さん、ペンを取り出すと、紙にこんな図を書き記す。

「ある日、生鮮食材を買った、届いた。これ、そのまま冷蔵庫に入れたら水分たっぷり、塩分もなくて、腐敗の方向に進むしかないわけです。しかし！　買ったらすぐに、塩。このひと手間さえしておけば、同じ時間の経過のなかで、食材は熟成に進んでくれる。同じ冷蔵庫に入れていたって、3日たてばこんなにも差が開いていくんです」

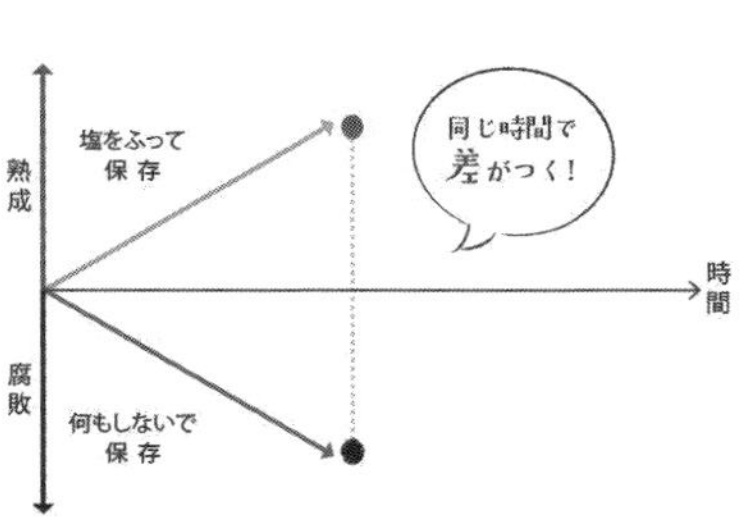

塩をふって保存するか、そのまま保存するかでつく「差」のイメージ

❖熟成の塩、味付けの塩。食べ方に合わせて「いい塩梅」に

「冷蔵庫でモノを腐らせる、なんて残念なことは、塩のひと手間さえあれば、忙しくたって防ぐことができる。しかもうまい！　とあれば、これ、やらない手はないですよなあ。

ここで気をつけなければいけないのは、熟成のための塩と、味付けのための塩はちょっと意味が違うということ。すぐに食べるなら塩は『調味料』として使い、そのまま食べてもおいしい塩加減にする。しっかり保存をきかせるなら今回のようにちゃーんと塩をきかせ、『保存料』になってもらいましょ。

沖縄のスーチカーなる伝統料理は、覆うほどの塩で豚肉を漬けることで、何と肉を常温保存してたんです。素焼きの壺に入れてね。亜熱帯気候の土地で、冷蔵庫のない時代であっても、そこまで塩をきかせて水分を抜いておけば大丈夫、っていうこと。でもまっ、私たちは冷蔵庫と上手に付き合って、もう少し塩を加減することもできるわけです。使い方に合わせて、『いい塩梅』にね」

「なるほど……。用途や目的によって、塩の量や使い方を変えるということですね」(高橋)

「その通り。しかも、最近はこのチキン棒の〝類似品〟が、スーパーやコンビニで

も売られているようじゃあないですか（笑）。家で作れば添加物は一切ナシ。粉チーズを入れたり、ハーブと巻いたり、アレンジも自在。そのままかじってもよし、割いてサラダに加えてもよし！　ただし、ラップをはがすと外気に触れ、雑菌も当然付着します。残さず一度に食べきるようにいたしませう。

さ、あとはそれぞれ、自分なりに挑戦してみなっさい。

二人からのレポート、楽しみにしていますぞ」

❖レポート：高橋

「カレー&チーズ味にアレンジ。妻にも好評でした！」

魚柄さんからのアドバイスを生かして、味のアレンジに挑戦。せっかくなので、粉チーズとカレー粉の２種を一緒に巻いてみました！

蒸しているときカレーの香りがしてきて、「すぐ食べたい！」と思ったのですが、何とか我慢しました。

高橋作のアレンジ・チキン棒（☆写真＝高橋）

夕食の一品に出したら、妻から『これが家でできるなんてすごいねー』と褒められました（笑）。

❖レポート：小林

「お弁当にもぴったり♪　チキン棒、ハマりそうです」

パスタ用に作った余りのパクチーソースを鶏肉に塗って巻いてみました。そして今回はムネ肉と、モモ肉でもチャレンジしてみました！

これが冷めてもおいしくて！　夕食の一品に、味付けいらずでペロリ。そのあとはゆずこしょうを添えて、ビールのおつまみにも。

モモ肉は厚みをそろえて巻くのがちょっと大変だったんですが、でき上がりはチャーシュー風！　やわらかくてコクがあり、一味違うおいしさでした。

難しくないのに難しそうに見えるみたいで、夫は『すごいねーこんなの作れるんだねー』と感心してました。

日持ちするので、おかずに、おつまみに、お弁当にと便利でした。まだまだアレンジできそうなので、チキン棒作りにハマりそうです！

こうして、食材保存の原点である〝塩漬け熟成〟を身につけた二人。しかしまだまだ、人類が積み上げてきた食の知恵は奥深い。二人の挑戦は、さらに続く……。

監修＝魚柄仁之助　取材・文＝玉木美企子
写真＝坂本博和（写真工房坂本、☆以外）
構成＝ＫＯＫＯＣＡＲＡ編集部

小林作のパクチーチキン棒。左がムネ、右がモモ（☆写真＝小林）

「むしろ冷めているほうがおいしいので、お弁当にぴったり！」
（☆写真＝小林）

★ぶよぶよした水っぽいブロイラーか？　昔ながらのかしわ、地鶏か？

鶏肉を食べるということは鶏を殺す（命を奪う）こと。だから感謝して、余すことなくいただくことが大切です……とか言われてるようだけど、鶏のムネ肉は「余すことなく」になっていないのが現実じゃん。だから45円／100グラムという超安値にしてるんでしょ。それでもまだ売れ残ってる。

今の日本で鶏肉は食べつくされていないのです。それは「食べ物を残すことはヨクナイ」といったモラルの欠落ではなく、食べつくすための技術の欠落ではないでしょうか？　淡泊でややパサつきがちなムネ肉だってKOKOCARAで紹介したチキン棒を作るような技術＝スキルがあれば、美味しく食べることができるのです。

【其の七】

「時短・無駄無し・省エネ料理」と「保温調理」

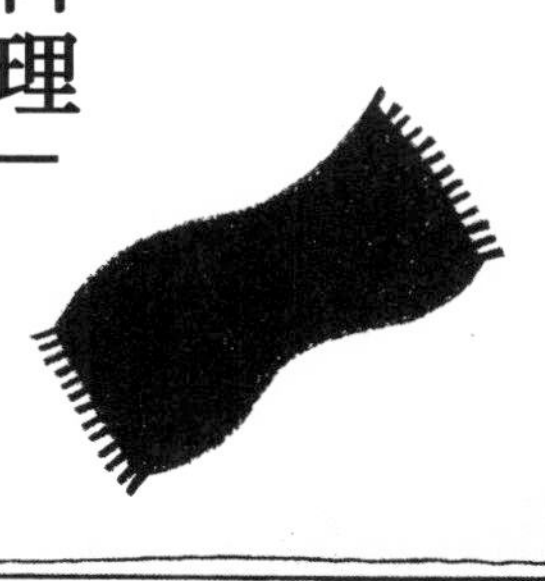

★21世紀的調理法とは

より良い食生活を始めたい、そして続けたいと願う人たちのために多くの料理本が出版され、料理教室が開かれてきました。21世紀に入ってからはインターネットによる料理情報も格段に増え、調理用具も日々進化してきました。かつては薪や炭で調理していたのがガスや電気になったのが20世紀でしたが、今日ではＩＨ調理器や電子レンジなどが新しい「熱源」になってきています。とにかく時代は急速に変化しているのです。

21世紀の生活者がどのような料理法を本当は求めているのか？　食べ方のほうは「美味しいものを食べたい」とか「健康的なものを食べたい」とか、ヒトによってさまざまでしょうが、調理法に関する21世紀的価値観はこのようになってきていると思うのです。

①時短

時間がない……毎朝、ぎりぎりまで眠っているので朝食を作る時間がない。当然お昼の弁当作りなどは論外である。夜は疲れているのでおうちに帰ってばんごはんを作る気力もないから、ついつい外食になってしまう。これらを解消するには「早起きさんになること」とか、夜になっても疲れがたまらないような「体力をつけること」が求められてきます。そうでなければ調理の手間を省くミールキットとかお鍋セットのようなデリバリー物を利用するのも一つの方法。とにかく調理に時間をかけたくない。

②無駄無し

食材を使いきれない、干からびる、腐らせることへの罪悪感がある。有機無農薬野菜などを買うことで人体や環境に優しい農業をしている生産者を買い支えることもできる。そう考えて生協などで共同購入をしているのだが、使いきれないことが多い。大根は干からびるし、イモ類は芽が出てくる、体にいいからと買った乾物類も一度使って残りはしまいっぱなし。結局虫が発生したり、黴(かび)が生えて廃棄処分。無駄なくそして無理せずに使いきる技術が欲しい。

③人体＋環境に優しい

ガスや電気を使い過ぎる料理に罪悪感がある。電磁調理器はCO_2が出ないからエコでしょ？みたいなエゴは言いたくない。電気の器具はガスコンロと違って家庭レベルではCO_2は出ないが、今の日本では原子力発電による「核のゴミ」が出ている。太陽光や風力からの発電だけで賄えればともかく、日本の基本電力はあくまでも原子力発電や化石燃料による火力発電であるという現実を考えると、ガスも電気も必要最小限の使用で料理をしたい。

この3点を満たす調理法が求められているのは、21世紀の日本人の価値観が20世紀とは大きく変わってきたからでしょう。食に対して、美味しい、珍しい、安い、体にいい……を自分の手を汚さずに食べようとしていたのが20世紀後半のバブリー時代でした。

21世紀になるとそういう食べ方に「エゴとあさましさ」を感じる人が多くなりました。「美味しいもの、珍しいもの、体にいいものを安く、欲しいだけ」食べるために、かき集めて食べるのを「グルメ」と勘違いしていたのが20世紀末の日本人だった。その「つけ」が環境や人体に負荷をかけるということに気がつき始めた。21世紀の日本人たちは美味しいものをかき集めるのでなく、身近な食材を美味しく食べて満足を得られるような調理法を求めるようになってきた。世界の珍味を家来に探させていた昔の「暴君」になることより、平凡な食材を「珍味にしてしまうセンスと技術」に拍手喝采を送るようになってきた。それが持続可能な食生活であることも知っているのが21世紀の生活者でしょう。

「便利な道具」を買うことではなく、身近な道具を使いこなし「賢い知識と技術」を調理に持ち込むことで、

・食材の栄養を無駄にしないこと
・腐らせないこと
・調理時間を短縮すること

に成功した。

その結果、ガスや電気などの調理用エネルギーの使用量を減らすことと調理時間そのものを減らすことにも成功したのです。このような「時短・無駄無し・省エネ」料理を可能にした調理技術の一つが「保温調理法」だったのです。

★保温調理法とは

煮物を作ったり野菜を茹でるとき、火にかけたお鍋をずーっと沸騰させ続けてはいませんか？　レシピに「沸騰後15分間茹でます（または煮ます）」と書かれていると、15分間ずーっと火にかけて沸騰させ続ける……というのが一般的な調理方法でしたが「保温調理」ではこ

うなります。
沸騰したら5分ぐらい弱火で煮て、火から下ろし、鍋を冷めないように保温して15〜20分放置すると、煮物は十分に火が通っていて、味も染み込んでいる、というものです。つまり沸騰後は5分ぐらいしか加熱しない。それでも鍋が冷めないように15分程度保温しておけば料理は完成している……という調理法が保温調理です。

こう説明されても「ハイそーですか」と理解できる人はまずおりませんので、以前行った保温調理入門編のドキュメンタリーを見ていただきましょう。其の六にも登場した「KOKOCARA」の連載「今日からできる台所術(※)」。編集部の若き二人が、わが魚柄ラボで今日からできる料理スキルを身につけるべくトライするドキュメントです(2020年現在も連載中)。どちらもともに結婚していて台所仕事はフツーにこなしている若い男女二人で、調理は毎日していますが保温調理はしたことがなかった二人が、魚柄ラボでトライした2時間のドキュメンタリーを覗いてみてくださいまし。若いヒトたちは「呑み込みが早い」というか「囚われていない」というか、あっと言う間に保温調理の基本をマスターし、おでんからカレー、豚汁そして炊飯まで保温調理を使って手早く、無駄なく、栄養を逃さず、衛生的に日々のごはん作りに活かしているようです。

(※) KOKOCARA台所術の記事一覧バックナンバー
URL→ https://kokocara.pal-system.co.jp/keyword/kitchen-skill/

【今日からできる台所術】

豚汁も煮物も、放っておくだけで完成!? タオルでできる〝保温調理〟

食文化史研究家・魚柄仁之助さんの手ほどきにより、前回（注：KOKOCARA台所術第1回の記事）「いわしの手開き」を身につけた編集部の若手、高橋と小林の二人。「さらなる料理のスキルと知恵を身につけたい！」と、再び魚柄さんのもとを訪れた。肌寒い秋の風が吹き始めたこの日、魚柄さんが二人に差し出したものとは……？

❖具だくさんの豚汁が、5分の加熱で完成

「まあ、まずはこの一杯で温まって。話はそれから、それから」。食文化史研究家・魚柄仁之助さんが差し出したのは、豚肉、根菜、豆など具材たっぷりの一杯の豚汁。

「わ、味がしみていておいしい！」（高橋）

「具だくさんで、栄養満点ですね。寒くなるとこういう料理を食べたいんだけど、忙しくてつい遠ざかってしまって……」（小林）

おいしい料理は、とかく手間と時間がかかるもの。温かな煮込み料理が食べたいけれど、忙しい日々に追われて「じっくり・コトコト」なんてできない——。高橋や小林のように考える方は多いだろう。

しかし、魚柄さんからは意外な言葉が。

具だくさん豚汁の作り方
肉も野菜も調味料もまとめて入れてOK。だしをじっくりとりたいときは、前の晩に鍋に水を張って、だし素材だけを放り込んでおく

「なに、煮込むのに時間がかかるって？　これ、沸騰させてから5分煮ただけ！」

「えっ、5分!?」「こんなに具がいろいろ入っているのに、5分で煮えるんですか？」と、にわかには信じられない二人。

すると魚柄さん、台所の奥からなにやら白い物体を運んできた。よく見るとそれは、バスタオルにくるまれた鍋だった。

「沸騰したらグツグツ煮込まずに、火から下ろしてこうしておけば、しっかり火が通り、肉も野菜もアクが出ない。失敗知らずの煮込み料理が勝手にできるんでっす！　ちまたでも話題の『保温調理』って、じつは特別な道具はいらないんですの。豚汁なら、ちょいと厚手のふた付き鍋に、だしも具も調味料もぜーんぶ入れたら数分間沸騰させて、タオルでくるむだけ。20分もすれば、誰でも味しみしみ～の具だくさん豚汁ができちゃいます。

火から下ろして保温している間に、ほかの料理だって並行してできるし、焦げ付く心配もなし。朝、出かける前に仕込んで、夕方まで放っておけば、帰るころには絶品の煮込み料理がいっちょあがり！　ね、『忙しい』あなたたちにぴったりでしょう？」（魚柄さん）

❖特別な道具はいらない！　タオル1枚でくるめばOK

「えっ、タオルで包むだけ……!?」

ポカンとする二人を前に、「ただ理屈を話してもピンとこないでしょうから、実験をしてみましょ」と、魚柄さん。根菜類を厚さ1～2センチに切って、水の入った鍋に入れて火にかけた（厚さ1～2センチであれば、長めのスティック状に切ってもOK）。

ほどなく鍋の水は沸騰。ここで沸騰が続く程度に火力を下げ、5分ほど置いたら「はい、火にかけるのはこれで終わり」。ガスレンジから鍋を下ろすと、広げた厚手のバスタオルに包んでいく。

「取っ手もすき間なく包みやすいように、片手鍋より両手鍋でね！」。鍋ぶたは穴がないものを選び、密封状態が続くようにするのもポイントだと魚柄さんは補足する。

ぴしっとバスタオルに巻かれた鍋。「小籠包みたいで、なんだか愛着が湧きますね」と笑顔の小林。

「さ、このまま20分待つ間に、この調理法の由来、来し方を話しましょうか」と、魚柄さんもちゃぶ台の前に腰を下ろす。

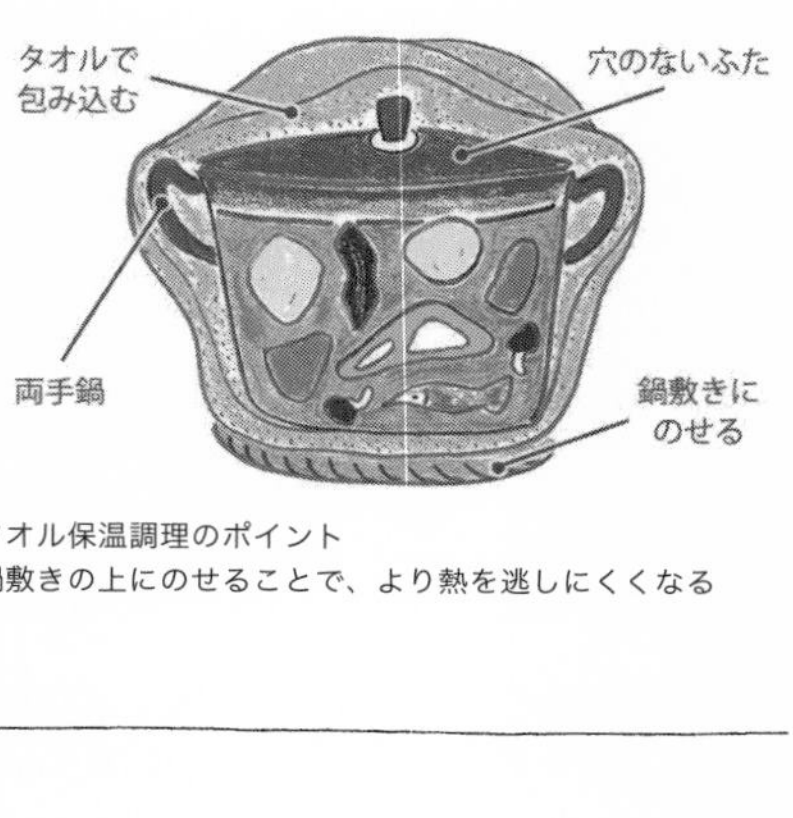

❖「ゆでる」の適温は、100℃にあらず!?

「じつは、野菜や肉・魚をゆでる・煮るのに100℃を保ち続ける必要はナシ。

タオルで包み込む
穴のないふた
両手鍋
鍋敷きにのせる

タオル保温調理のポイント
鍋敷きの上にのせることで、より熱を逃しにくくなる

〜98℃の間で一定の時間温度を保つことができれば、おいしい煮込み料理ができる。これ、世界各地で何度も注目されてきたことなんです」

魚柄さんによると、この「保温調理」を実践し始めたのは、100年以上前のドイツの人々だという。日本には大正時代にもたらされ、その後1980年代にも、応用物理学者・小林寛氏により「はかせ鍋」という名の保温調理鍋が開発されている。

「小林博士は、理系らしい緻密な実験でいろんな食材をおいしく加熱するための適温と時間を割り出したんですなあ。それによると、根菜類で85℃以上、肉類は75℃以上で15〜20分おけば充分加熱が可能と分かります。さらに！　この環境なら肉のタンパク質や野菜の組織を壊さずおいしく調理でき、なおかつ雑菌も死滅することを、小林博士は実証しているんです」

「ピピピッ」。ここで20分経過を知らせるタイマーの音が。

「さっ、測ってごらんなっさい」

魚柄さんから温度計を受け取り、ふいに鍋に触れた高橋から「わっ、熱い!」と、まず驚きの声が上がる。

「目盛り、どんどん上がります……。お湯は84℃くらいですね」(高橋)

「お湯が80℃以上あれば、中心部はだいたい70℃にはなっているはず。火から下ろしても、タオルでくるめばこの温度が保てるんです。では、次にこの人参を食べてみて」(魚柄さん)

「ん!ちゃんと中まで火が通ってますね。それに、甘くておいしい!」(小林)

「バスタオルでも『保温調理』ができるなんて……」「普通の鍋で煮込むなら、やっぱり沸騰させてグツグツがいいって、ずっと思い込んでいました」

口々に話す小林と高橋に、「それが謎なんです!」と、魚柄さん。「な・ぜ・か、これまでも、保温調理するための道具にばかり注目が集まって、『どうすれば』の理屈

のほうは忘れ去られてしまうんですなあ。基本さえ覚えておけば、特別な道具なんてなくても、このバスタオルだけで同じ効果が得られるのに！」

「煮物って、温度が下がっていくときのほうが味がしみると言われるでしょう。バスタオル保温なら程よ〜く温度が下がってくれるのがまた、よいんですな。これも『ソレー効果』と呼ばれ、実証されている料理の科学なんですぞ」（魚柄さん）

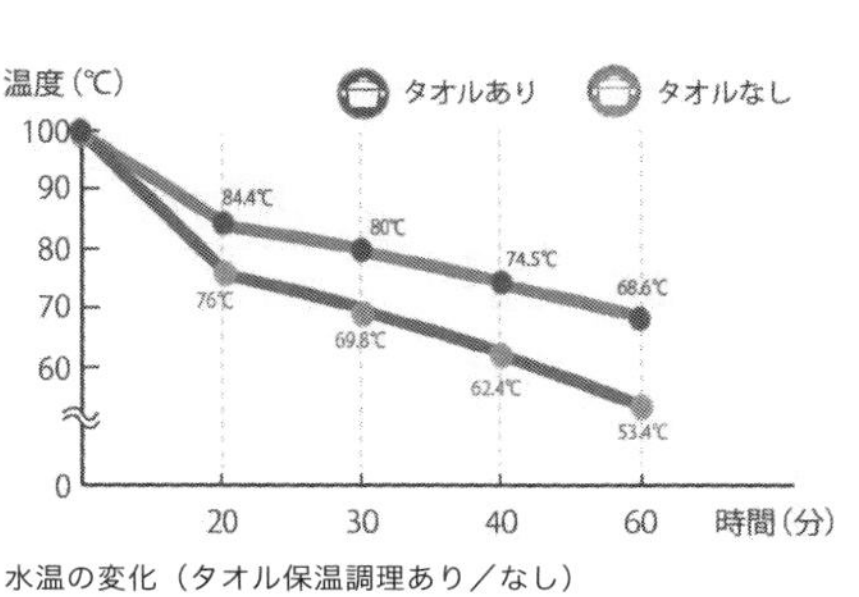

水温の変化（タオル保温調理あり／なし）
同じ鍋で湯を沸かし、タオルでくるんだ場合と、タオルなしで放置した場合とを比較（実験：KOKOCARA 編集部）

❖「知恵」とはアレンジができてこそ

この保温調理、タンパク質を壊さない加熱のためアクが出ず「肉の臭みを出さない」という利点もあるのだとか。「だからこんな食材も、家でおいしく料理できちゃいます」と、魚柄さんが続いて運んできたのは鶏レバーだ。

「レバー、下処理からして難しそうで、買ったこともないです……」そう言う小林に、魚柄さんはニヤリ。

「難しい？　保温調理なら、これも切って軽く火にかけるだけ。やれ牛乳に浸けたり水に浸けたり、小難しいことはいりまっせん。火が通りやすいように薄く削ぎ切りする、それだけがポイントね」

その後、保温調理でゆで上がったレバーを包丁の腹で手際よく潰し、あっという間にレバーペーストが完成（よりなめらかに仕上げたいときは、裏ごしをします）。魚柄さんお手製のバジルペーストなどを添えて、「いただきます！」。

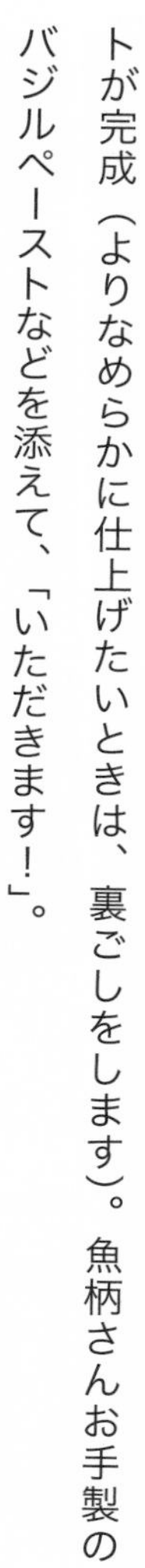

「ほんとだ！　臭みがなくて、おいしい！」（小林）
「市販のものは味が濃すぎることが多いけど、これならレバーのおいしさが引き立

ちますね」（高橋）

時間がないから煮込み料理は教わっても実践できないかも……と思っていた二人にとって、今回はまたも意外な展開となったようだ。

「保温調理って、こんなに簡単でいいのか、というのが、正直な感想です」（高橋）

「お肉のアクは、ゆで過ぎによって出ていたなんて。いかに自分が、『なんとなく』で料理をしていたか、思い知りました」（小林）

と、〝ゆでる〟〝煮る〟の奥深さを改めて実感することとなった。

「これを覚えれば、カレーやシチューはもちろん、茶碗蒸しや温泉卵もカンペキですぞ！」（魚柄さん）

「全部、試してみたいです！」（二人）

そして今回のバスタオル保温には、「道具に頼らず身近なものを活かす」という、魚柄さんの思いもまた、込められていた。

「便利になることはいいけれど、道具がなくちゃできない、ではもったいないでしょう? 『どうして?』がわかっていれば、いかようにもアレンジできる。さすれば、ちょっとモノが足りなくたって、慌てることなんてありまっせん!

もちろん、包むものもバスタオルである『必要』はナシ。タオルケットだって、どてらだっていい。思いつくままに発想する、料理の『自由』をもっと、楽しみましょ!」

❖魚柄さんに聞いた「保温調理」よくあるアレコレ

Q1：暑い時季に保温調理をしても大丈夫ですか?

A：食中毒を起こす雑菌などの大半は、75℃の状態を5分ほど保つことで死滅します(例外もあります)。5分間ほど沸騰させたら、鍋の湯は100℃。その後、火から下ろして保温しているうちに肉や野菜の中心部も80℃以上になるので雑菌の多くも死滅します。
ただし、鍋の中が滅菌状態になっても、鍋とふたとの隙間から外気にいる雑菌が入ってきちゃうと意味がない。鍋の中と外気をできるだけ遮断できるように「ふたがぴったり閉まる鍋」を使ってください。そして「保温に入る直前の1分間は、ふたを開けずに加熱」してから保温するのです。そのまま一度もふたを開けず密封に近い状態を保てば、暑〜い夏でも料理はなかなか腐りません。気温が高くても、〝雑菌さえいなければ〟腐敗は進まないのです。

なお、調理の途中で鍋のふたを開けたりおたまで混ぜたりすると外気に漂っている雑菌やおたまに付着している雑菌が鍋に侵入してしまうことは100%間違いない。一度でもふたを開けた場合は「100℃に再加熱してから保温する」ことです。保温調理をやめて保存する場合は、清潔な保存容器に移して、容器ごと水につけて一気に冷まします。冷めたらふたをして、冷蔵保存してください。

※参考文献：小林寛（1988）『お鍋にスカートはかせておいしさ大発見―料理の常識が引っくり返る本』p.62―71、光文社

Q2：保温調理で煮物を作るとき、味見はいつ、どうやってすればいいのでしょうか？

A：沸騰後、弱火5分で火から下ろして保温に入る場合、約4分経ったタイミング（加熱時間の約8割が目安）でふたを開けてかき混ぜ、味見をします。ここで味が薄かったら調味料を加え、濃すぎたら水を加えて薄めます。再びふたをして、残りの加熱時間（1分間）火にかけた後、保温に入ります。

ここで大切なのは「雑菌対策のため、保温に入る前は必ずふたをして一度加熱する」ということです。

Q3：カレーを作るとき、市販の固形のカレールウはそのまま入れてもいいのでしょうか？

A：固形のカレールウは、小さく砕いて入れないとうまく溶けません。沸騰後、3～4分経ったらよくかき混ぜ、もう一度ふたをして超弱火で再加熱してから保温調理してください。

Q4：保温調理で温泉卵を作りたいのですが、うまくできません。コツがあれば教えてください！

A：使う卵の温度で左右されますから、基本は「卵は冷蔵室から出して常温にしておくこと」。これまでの実験では60～65℃で25～30分保てば温泉卵になりました。ただし！　その日の気温、室温、卵の温度によって左右されます。なので、一つのアイデアとしての提案です。

まず、小さめの耐熱容器（マグカップ、ふた付きホーロー、カップめんの容器などでOK）を用意します。卵1個と卵がしっかりかぶる量の熱湯（100℃）を入れ、ラップをかけるかふたをして25分放置すれば、「65℃で25分間保温したのと近い状態」を再現できます。注ぐお湯の量は容器に合わせて調整してください。

❖時間も手間も、道具も省ける。これぞエコ・クッキングでは？

エコ・クッキングとして取り上げられることもある「保温調理」。今から25年前にこれを本で紹介したあと、「私って、道具から入るヒトなんですぅ」と保温調理専用鍋を買ったものの、数回使って後は戸棚の中……ってヒトをたくさん見てきました。

ムダなことしちゃいましたね。ムダをしない保温調理、3つのお願い♪

①調理は〝100℃（沸騰）以下〟がいいのです

②沸騰させ続けると飛んじゃう「味」「香り」「栄養」を逃さないこと

③ゆっくり冷まして！　味がしみ込むのは「冷めるとき」

この3つのお願いを聞いてくれたら、

①時短

②手間いらず

③おいしい

が叶います。

「保温力が必要なら、電気保温鍋や電気湯沸かし器で保温すればいいじゃんっ」というアナタ、思い出して！　保温力が強すぎると温度が下がらん↓味がしみ込みにくい↓味は温度が下がるときにしみ込むのだから……。鍋をタオルでくるむなんて、ハイテク・AI時代に逆行してるみたいだけど、最小限のエネルギーで最大の効果を得ることがエコなんでしょう。保温調理はとっつきにくいが、慣れればこんな「楽」はないのです。

監修＝魚柄仁之助　取材・文＝玉木美企子　写真＝坂本博和（写真工房坂本）　イラスト＝武藤良子

構成＝ＫＯＫＯＣＡＲＡ編集部　参考文献＝小林寛（１９８８）『お鍋にスカートはかせておいしさ大発見―料理の常識が引っくり返る本』光文社

保温調理の特徴を整理してみるとこのような点が挙げられます。

・茹でたり煮たりするときに100℃を続ける必要はない
・味を染み込ませるには保温してゆっくり冷ますことである
・素材の持ち味や栄養を損なわないためには余分な加熱はしないほうが良い
・鍋のふたを開けなければ保存性が保てる

これら保温調理の利点を活かすためには単に保温力に優れた保温調理専用鍋がいいのではなく、保温力があるけれどゆっくり冷めていくような構造も必要であるということです。温度が下がれば自動的に沸し直す「湯沸しポット」のような構造では保温調理の「味が染み込む」ことは望めないということですね。

保温調理の利点である「栄養と衛生面」での効果は、ビタミンやタンパク質などの変性や損失を少なくすることと料理の保存性を高めることでした。加熱時間が長くなるとビタミン類の破壊が進みます。タンパク質は固まってしまいます。具体的にいうと肉類を長く煮ればアクが出たり、硬く煮しまったり嫌なにおいが出ます。保温調理だとそれが最小限で済むのでした。また、加熱して十分に殺菌した料理にキッチリふたをして保温すれば、外部から鍋の中に雑菌が入りにくくなるので傷みにくい。つまり、保存性がよくなるのです。

１９８０年代に故・小林寛氏は保温調理法にはこのような利点があることを提唱したのですが、この調理法を紹介する料理関係者もメディアも大半が「燃料費と調理時間の節約ができる調理用の鍋」ばかりを取り上げてしまった。保温調理の原理などわからなくてもこの鍋さえ買えばすぐにできますよと、専用鍋の販売に走ったヒトが多かったから、一時的な流行として保温調理鍋が注目されたものの、保温調理法そのものはあまり普及しませんでした。

★保温調理のルーツをたどる

１９８０年代、ひょんなことから小林寛氏と親しくなり彼が考案した保温調理用の鍋（商品名「はかせ鍋」）をいただきました。保温調理の理論を聞くと納得できる点がたくさんあったので、このような調理法が過去になかったのだろうか？　と調べてみると、昭和30（１９５５）年以前の婦人雑誌やその附録料理本の中に「火なしコンロ」という言葉を見つけたんです。これは「火なしコンロ」という名前の道具があるわけではなく、熱い鍋を入れておくといつまでも冷めにくい保温力のある保温箱のことをそう呼んでいたのでした。

婦人向け生活雑誌に「火なしコンロ」が掲載されていたのは大正から昭和30年代でしたが、上の「火なしコンロのいろいろ」とある図版は昭和22（１９４７）年のものです。

出典：『燃料と電気と台所用品』昭和 22（1947）年より

敗戦後の食料も燃料も不足していた時代ですから、「燃料が半分ですむ」が求められていたのでしょう。この後、昭和40年頃になりますと燃料不足も解消され、誰も燃料の節約なんて気にしなくなり、「火なしコンロ」も生活雑誌から完全に姿を消してしまいます。これでわかることは日本人にとって保温調理というものは燃料節約のためだけが目的だったということではないでしょうか。しかし、この「火なしコンロ」の歴史を辿ってみますと、日本での元祖「火なしコンロ」は小林寛氏が提唱したような栄養の損失も減らす料理法であったとわかったのです。

下の図版は、大正時代のものです。ドイツに留学していた長井長義理学博士が、帰国する時にドイツ生まれの優れた調理器具であるとして持ち帰ったものを模倣して作られたのがこの広告の「料理箱」でした。この広告が出る2年前の大正4（1915）年の『料理の友』8月号に長井長義氏の「便利な炊（た）ぎ箱」という6ページに及ぶ保温調理論が掲載されていました。それにはこの「料理箱」を使うことによって「栄養を無駄にしないで調理できること」「調理時間を短縮できること」

長井博士推奨の料理箱

▼便利で
▼經濟で
▼衛生的な

●燃料を節約し●食物天然の美味を出し●營養價を損する事なく●時間と手數を省く……

▲御飯でも、御煮物でも、煮豆類でも、または西洋料理の樣なものでも、一寸火にかけて煮立てゝ後鍋のまゝ此の箱に入れて置きますと暫くの後には中のものがひとりでに煮えて立派に御馳走が出來上ります

▲第一燃料が普通の三分の一又は五分の一位の少量で濟み

▲第二煮炊きに費す手數と時間とを省き

▲第三食品其の物の滋養分を保ち衛生的で一種言ふべからざる眞味を出します

文明的臺所の必備器具

特價金參圓貳十錢

●荷造費二十錢

●運賃は實費にて先拂の事

▲尚本器の特長は拵へた御馳走を御客樣の御出でになるまで、又は御主人の御歸宅まで温かいまゝで長時間保つ事の出來ると云ふ極重寶な器で、構造は極めて堅固に出來て居り、どなたにも直ぐに用ゐられます、

東京上大崎中丸四四四
大日本料理研究會
買物代理部
振替東京二四三九八
電話芝六二九一

出典：『料理の友』大正６（1917）年２月號広告

「腐敗予防になること」が述べられていました。広告文の方には「燃料を節約し」と書かれていますが、理学博士としては栄養、衛生の方により興味があったのでしょう。

私が知る限り何かの道具を使って鍋を保温する調理法を紹介した文献はこれが最古のものです。この「炊ぎ箱」が「料理箱」となり、「火なしコンロ」と変化していったものの、当初、長井長義氏が提唱していた「栄養と衛生」のための保温はわずか数年で忘れられ、その後は燃料節約のための調理法として特化されていきます。その頃日本は満州事変、日華事変などで軍事費が拡大していましたから食糧も燃料もすべて節約倹約をモットーとした「節倹時代」に突入していました。だから婦人生活雑誌でも「火なしコンロで燃料節約を！」のスローガンばかりで、そこには肝心な食の栄養とか衛生などには触れられていなかったのです。

「火なしコンロ」（保温調理）は燃料の節約のため……としか見ていなかったから、戦後の高度成長期に入り、燃料に不自由する事も無くなると人々は「火なしコンロ」のことなんてすっかり忘れてしまった。昭和45（１９７０）年頃の婦人雑誌附録料理本には「火なしコンロ」は出てきません。

それが１９８０年代後半になって、「火なしコンロ」のことなど全く知らなかった応用物理学の小林寛氏が科学的な調理法として提唱したのが保温調理だった。ご本人から聞きましたが、保温調理という言葉も彼が最も適切な用語であろうということで命名したそうです。その後研究を重ねるうちに「煮炊きする温度はその食材ごとに異なるものだから保温調理という言い方より適温調理と呼ぶ方がより適切である」と考え直し、その後は「適温調理法」と表記していましたが、世間では最初に使われた「保温調理」が通称になっています。

★保温調理は道具（鍋）でなく、技術なのです

ここでいま一度、大正4（1915）年に長井長義氏が書いた保温調理論の中から注目すべき点を引用したいと思います。（注：わかりやすく現代文に直しています）

ある日、いつものように牛タンを煮ました。保温調理すべくその鍋をこの保温箱の中に入れたのですが、それをすっかり忘れてしまい、逗子へ三日間の旅行に出かけてしまったのです。真夏のことでしたから、もはや腐ってしまっているだろうと思いま

したが、開けてみると腐るどころか、かえっていつもよりずっと美味しくできていたのです。（中略）しかしこれはよくよく考えてみますと、腐らなかったのにはちゃんとしたわけがあったのです。加熱↓沸騰↓すぐに保温、これを何度か繰り返したことで腐敗菌を殺菌できたのでしょう。その上、鍋ぶたがキッチリなされていたことと保温箱も密閉状態だったことで、外部からの雑菌が鍋に入らなかったから腐敗しなかったと考えられます。

だいたいこのようなことが書かれていました。ここが保温調理の重要な利点なんですが、その後の「火なしコンロ」普及活動、保温調理普及活動ではこのことにはほとんど触れられてきませんでした。ただひたすら燃料の節約ばかりを謳(うた)ってきたのです。

冷蔵庫が普及した昭和45（1970）年以降の日本人は「冷蔵庫に入れておけば腐らない」と思い込んだり、「気温が高くなると食品は腐る」と思い込むようになりました。大きな間違いでした。かのパスツールが実験して証明したように「無菌状態であれば真夏であっても食品は腐らない」のです。その「無菌状態」に近いものを保温調理で作り出せるということを長井長義は大正4（1915）年に言っていたのです。これは今日の「忙しい日本人」「省エネ日本人」「エコクッキング日本人」にとってありがたい調理法のはずなのです。

真夏の朝、ごはんを食べてる間に夕飯用のカレーなどを仕掛けます。沸騰してきたところで調味料を入れてふたをし、5分経った頃にその鍋をバスタオルでくるんで保温します。そのままほったらかして会社へ行き、夜の9時頃に帰宅します。約12時間以上、真夏の留守宅に放置されたカレー鍋ですが、十分な加熱で殺菌した後、ふたをピッチリしていますから雑菌もほとんど鍋には入りません。「ふたさえ開けなければ」このまま数日放置しても傷むことはないハズです（実際は鍋とふたのわずかな隙間から雑菌が少し入りますので、長期間傷まないということはありませんが）。

なんでも冷蔵庫に入れなきゃ腐ってしまう……と思い込んでる現代人にはにわかに信じがたいことかもしれませんが、これは私自身も幾度となく実験していますし、一緒に保温調理実験を行ったパルシステムKOKOCARA編集部のスタッフも体験済みです。ただここで注意しなければいけない点があります。

・鍋ぶたに蒸気抜きの穴が開いていないこと

・鍋ぶたと鍋の間に隙間が無く、ピッチリとくっつくこと

・保温する前にふたを開けないこと（加熱が終わったらふたを開けずに保温に入る）

これが満たされないとふたの隙間や穴から空気と一緒に雑菌が入り込み、腐敗のもとになります。ま、当然のことですが、一度でもふたを取ってしまえば、外気に触れますので必ず雑菌が入り、腐敗も早くなります。

★大正時代、昭和時代の保温調理が普及しなかった理由

大正４（１９１５）年の『料理の友』に寄せられた長井長義氏の保温調理紹介文にこのような一節がありました。（注：わかりやすく現代文に直しています）

その後私は各寮舎をはじめ知人間にも一度お試しになるようおすすめしているのでありますが、どうも我が国の人は昔からの慣習にとらわれて新しいことを試みる勇気が乏しいものですから、まだ一向にどちらでもお使いになっておられるのをお見受けしません。これは一つは慣れぬことだからもし失敗でもしたらというような不安がお

ありになるかもしれませんが、それでは何年経っても改良、進歩ということは望まれません。

これ、100年前の文章です。ヒトって「昔からの慣習」から抜け出せない生物なんですね。保温調理が普及しなかったのには理由がありました。保温調理法を使えば「時短・無駄無し・省エネ」料理は可能ですが、肝心なことは「保温調理用の鍋を使うこと」ではなく、「鍋を保温する技術をおぼえること」なのです。言い換えると「保温調理鍋ありき」ではなく、「保温技術ありき」ってことですね。

保温調理用の鍋でこんな料理が！　あんな料理が！　……とレシピ写真は語りかけますが、鍋という道具は所詮ひと時の流行ものでしかありません。保温調理用の鍋を使うことではなく、手持ちの鍋で保温調理をする技術を身に付けることに意味がある。保温調理という優れた調理法が1980年代に提唱されたものの今日あまり定着できなかった理由は、保温調理用鍋の普及販売しか展開できなかったからだと考えられます。

この本では保温調理鍋を使った料理には触れません。しかしほかの保温調理を謳った本には書かれていない「つかえる！　保温調理法」を体得できる方法と大正時代に始まる保温調理の歴史（本当のこと）を、資料を提示しながら説明いたしました。

★「一を聞いて百を知る」――21世紀型の保温調理

保温調理って何なんだ？　を説明する時に料理の先生方はカレーとかけんちん汁のような煮物料理を作ってみせることが多いのですが、これがよくなかった。

カレーのような特定の料理を作ってみせれば、カレー料理の一バージョンとして保温調理カレーもある、とヒトは見てしまう。これがいけなかった。カレーという誰にとっても親しみのある料理を使えば確かにヒトの耳目をひくと思いますが、教わったヒトの頭の中には「カレーを作ったこと」だけが残っちゃう。カレーで上手くできたから次はけんちん汁を保温調理でやってみようと思った時、その人たちは料理のセンセーに、「けんちん汁を保温調理で作る方法を教えてください」とくるのです。

このような教え方ではカレーの保温調理法、けんちん汁の保温調理法、豚汁の保温調理法、〇〇の保温調理法……あらゆる料理の保温調理法を手取り足取り教えなきゃなんない。

忙しい時間を割いて台所仕事をしている人たちは「一を聞いて百を知る」的な応用力で幅広く活用できる「保温調理の基本」が必要だった。しかし、大正時代では、鍋を保温することを教えてはいたものの、その目的はひたすら「節約倹約」ばかりだったから、燃料節約の必要性がなくなると途端に忘れられてしまった。一方昭和時代では保温調理用の専用鍋という「グッズ」に注目が集まったため、調理法（理論）はほとんど普及しなかった。グッズ＝モノには流行りすたりがある。ブームが去れば誰も使わなくなる。

これが20世紀末に小林寛氏が提唱した保温調理法が普及・定着できなかった理由だと思われます。当時は小林寛氏が発明↓商品化した「はかせ鍋」と保温調理専用鍋として大手メーカーが商品化した「シャトル・シェフ」を使って調理すること＝保温調理というとらえ方が一般的でした。「鍋」という専用道具に注目が集まると、一時的なブームとして飽きられることが多い。しかし、平成29（2017）年のパルシステムのKOKOCARAの連載時には、参加した誰もが「はかせ鍋」も「シャトル・シェフ」も知らなかったから、純粋に「鍋を何かで保温すること」を考えて実行してみました。だから彼らはおうちに帰ってからも、身近にある毛布とか新聞紙とか発泡スチロール箱などを利用した、自分流保温調理を続けています。

最近のエコクッキング実践者で、「保温調理を活用している」と書いている人がたくさんいますが、専用鍋を使うことより、手持ちの鍋を保温するパターンが増えてきています。この傾向はまさに21世紀型だなぁと思います。

時短・無駄無し・人体と環境に優しい……調理法の一つとしての保温調理法を自分のものにするためには、専用鍋を買うことでなく、技術を身に付けることなのです。

【其の八】

「できる！　自分」の作り方

「自分で料理できるようになりたいんです」と思うのだったら、とにかく台所に立って、なんでもいいから「食べることができるもの」を作ってみることです。もちろん、失敗もあるでしょう。いや、失敗する方が多いでしょうが、大切なのは「何をどうしたら食べられるようになるだろうか?」を自分で考えて自分の手でやってみることなのです。

「どうしたらいいのか?」を最初から手取り足取り教わらないと怖くて手が出せない……ようじゃ食の自立は難しいでしょうね。しかしこれを何度か繰り返すうちに、上手に効率よく料理する自分だけの「方程式」ができあがっていきます。こうなるともうこっちのもん。

ここから料理ができる自分の作り方が始まります。どんな食材でも、どんな道具でも、どんな状況でも、時間、燃料、材料を無駄にせずに美味しく料理できる自分はこうして作れます。

「できる自分」の作り方、その基本は①観察、②分析、③模倣、④検証、⑤改良。

この5項目ができる自分作りのポイントになります。

①観察

美味しい料理を食べたとします。美味しかった! 自分も作れるようになりたい。そこでまず行うことが、その美味しかった料理をよく観察することです。

・材料は何を使っているのか？　目で見た感じで……

肉が入っている↓食べた感じ……豚肉、それも脂身が混じったばら肉のようだ。

ピーマン、玉葱（たまねぎ）、人参（にんじん）、椎茸（しいたけ）、木耳（きくらげ）、キャベツ、モヤシなどが使われている。

見たところ、全体にとろみが付いている。

・食べてみると？

とにかく美味しい。

塩味はわかる。

ちょっと酸味もある。

ピリッとしてる。

トロミが美味しい。

中華っぽいにおいがする。

このような観察が終われば観察で得た情報を分析します。

②分析

眼で見て、におって、味わった上で考えよう。

・食材の形状はどうなっているか？

大きさや切り方を確認する。

・主な調理法はなに？

「生」「焼く」「煮る」「揚げる」「蒸す」「炒める」

・味付けに何を使っているか？

しょっぱさは「塩」「醤油」「味噌」など？

甘味は「砂糖」「味醂」「果物」など？

ピリッとするのは「唐辛子」「胡椒(こしょう)」「チリペッパー」「ラー油」など？

このような分析でこの料理を丸裸にしちゃいます。分析で得た情報でこの料理を再現するための仮説を立て、真似（模倣）をしてみます。

③模倣

観察して分析して得た「仮説」にそって再現してみます。

〇〇のような食材をこのような大きさに切って、「焼く」とか「炒める」などのなかから、こうではないか？　と思われる調理法と、たぶんこの調味料であろう、と思われる味付けでその料理を模倣してみる。

④検証

食べてみる。自分が美味しいと感じたあの料理と同じようにできたか？　違っていたらどこが違うのか？　違う原因を自分なりに判断する。

うまくいけばそっくりに再現できるかもしれない。もしかしたら全く別ものの料理になるかもしれない。しかしそれは失敗でなく、新しい料理の発明かもしれない。

これが検証作業です。

⑤改良

辛さが違う？　ウマミが違う？　トロミが違う？　などなど違う点を書きだし、何をどう改良すればあの美味しかった料理に近づくのか？　の「仮説を立てる」。

その仮説にそって、再び「模倣」からトライしてみる。

料理ができるようになるための訓練なんて基本的にこれだけです。

しかしヒトは観察すらしようとしません。「美味しかったねー」と言いながら、その料理にどんな食材が入っていたのかを覚えていなければ、真似することすらできませんね。

調理法といっても基本的に

・生で食べるか
・直火で焼くか
・油で揚げるか
・フライパンで炒めるか
・蒸気で蒸すか
・煮汁で煮るか

……くらいしかないんですから、そのなかのどれにあたるのか？　は自分で判断できるでしょう。まさか鮪（まぐろ）の刺身を食べて、「これは油で揚げた料理ですね」という人はいないと思われますが……。

料理ができる自分を作るというのは、こういうことなのです。

ただボーッと眺めるのではなく「観察する」＝文字化する。

調理法も想像するのではなく「分析する」＝文字化する。

観察→分析を踏まえて「仮説」を立て、作ってみて、検証する。

これをやっていれば自分の「できること」がだんだん増えていき、それが「できる自分作り」になります。

私、魚柄は大正7（1918）年創業の料理屋に生まれましたが、一度も料理を教わったことがありません。ど素人の子供はプロの調理場には入れてもらえませんから、ただ親のする仕事を遠くから眺めるだけでした。

19歳で大学に入るために親元を離れてから料理をするようになったのですから、普通15歳くらいで修業に入る料理の世界ではかなりの「奥手」でした。しかもこちとら、親方に就いて教わるでもなく、まったくの自己流で料理を始めました。それでも自炊歴1年ほどで魚をおろすことをはじめとする一通りの家庭料理はできるようになったし、実家で眺めるだけだった専門料理も思い出しながら試してみると、意外と簡単にできるようになったんでした。

その時の方程式が先に書いた観察・分析・模倣・検証・改良……の反復でした。

しかもこの方程式は料理から学んだのではなく、当時熱を上げていた「ギターの弾き方習得法」のおかげだったんです。私の場合、ギター教室に行ったりテキストを見るのではなく、自分で弾きたい曲があるとその曲を弾いている人のギターテクニックをひたすら観察します。

左手はどの弦を、どの指で押さえて、右手はどの指でどの弦をはじいているのか？これをひたすら観察して模倣するということを反復していましたから、それが料理にそっくり適用できたようです。最初はなかなか模倣（ギター用語ではコピーと言います）できませんでしたが、繰り返すうちに模倣慣れしていき、そのうちに弾いてるところを見なくても音を聞くだけで模倣できるようになるんですね。これ、ギター用語で「ミミコピ」と言います。そうなると、レコードやラジオを聞きながらその場でその曲を弾くこともできるようになるんですね。中学から高校時代にこのようなギターライフをしていたおかげで、料理の習得はいたって早かったと思います。

つまり料理できる自分の作り方って「観察～改良」の反復にあったんだ。

子供の頃に経験したと思いますが、サッカーの上手なヒトってバスケットをやらしても最初からそこそこできちゃうもんです。ピアノを練習しているヒトって、ほかの楽器を手にしても割と簡単に演奏できちゃう。何か一つできることを持つと、初めてのことを習得する時間が短縮されるのです。「できる自分を作る」ということはそういうことなのではないでしょうか。

調理できる自分を作ることは良い食生活を手に入れるためだけではなく、いろいろなことができる自分を手に入れるためのきっかけにもなるのです。人生は1回。できないことだけの自分とできることがたくさんある自分、どちらを選ぶか？　決めるのも自分……でしょ。

著者紹介

魚柄 仁之助（うおつか じんのすけ）

1956年福岡県生まれ。食生活研究家、食生活・食文化鑑識家。実家は大正時代から続く古典料理屋。古道具屋などを経て、1994年『うおつか流台所リストラ術』（農文協）でデビュー。

三十数年間にわたり独自に収集した戦前から戦後にかけての資料とともに、日本人が「どんな食べ方をしてきたか？」をテーマに、日本人の食生活の変遷を研究し、実証・検証し続けている。

現在、Web上で台所技術向上講座を展開中。パルシステムの「KOKOCARA台所術」、生活クラブの「生活と自治Web版・あ！！できたっ」。

●著書●

『冷蔵庫で食品を腐らせる日本人』（朝日新書、2007年）
『食べ方上手だった日本人』（岩波書店、2008年）
『台所に敗戦はなかった』（青弓社、2015年）
『食育のウソとホント―捏造される「和食の伝統」』（こぶし書房、2018年）
『うおつか流台所リストラ術―ひとりひと月９０００円』（飛鳥新社、2019年）
『刺し身とジンギスカン』（青弓社、2019年）
『国民食の履歴書』（青弓社、2020年）ほか多数

デザイン　庄司 誠（ebitai design）
イラスト　武藤 良子

★かんがえるタネ★
うおつか流 食べつくす！
一生使える台所術

2020年3月5日　第1刷発行

著　者　魚柄　仁之助

発行所　一般社団法人　農山漁村文化協会
〒107-8668　東京都港区赤坂7-6-1
電　話　03(3585)1142(営業)　03(3585)1144(編集)
F A X　03(3585)3668　振替00120-3-144478
U R L　http://www.ruralnet.or.jp/

ISBN978-4-540-19145-9
〈検印廃止〉

DTP制作／(株)農文協プロダクション　印刷／(株)新協　製本／根本製本(株)
定価はカバーに表示
乱丁・落丁本はお取り替えいたします。

イチからつくる　あめ

本間祐子・眞鍋久 編　赤池佳江子 絵　ＡＢ判36頁　●2500円＋税

自分でそだてた麦芽の力で、イモや米などをやさしい甘さに変身させる麦芽水飴づくりに栽培から挑戦。カボチャの飴づくり、笹飴づくりも。発芽などの「いのちの力」、身近にあふれる甘味料の姿や驚きの世界も発見。

まんがでわかる　土と肥料
根っこから見た土の世界

村上敏文 著　Ａ５判１１２頁　●１４００円＋税

楽しいまんがと図解で、土壌化学の基礎、診断データの測り方･使い方から、土の生きものと有機物、土づくりの実際まで、ビックリするほどよくわかる。根っこのルートさんがガイドする土のワンダーランドへようこそ！

まるごとわかる　タマゴ読本

渡邊乾二 著　Ａ５判２０８頁　●１８００円＋税

日本人はなぜ卵かけごはんが好きなのか？　食卓における卵から、卵と養鶏の歴史、コレステロールを含む栄養･健康機能、変幻自在な調理・加工の素材としての役割、新しい卵食文化の可能性まで、卵のすべてがわかる。

生ごみから エネルギーをつくろう！

多田千佳 文　米林宏昌 絵

B5 変型判 32 頁　● 1,400 円＋税

家庭で学校で、ペットボトルを使って、生ごみからバイオガスと液肥をつくるノウハウを紹介。できたガスでお湯をわかしてお茶をいれ、液肥は野菜栽培に。手づくりトーチで再生可能エネルギーの炎を運動会に燃やそう！

★ かんがえるタネ ★

『食べるとはどういうことか
世界の見方が変わる三つの質問』

人間は

「ホラーなチューブ」？ 「生きもの殺し装置」？

「食べる」ということを深く考えれば考えるほど、
「人間とは何か」が見えてくる。

京大のフジハラ先生と12歳～18歳の中高生による、
白熱の「食と農の哲学」ゼミナール。

- フジハラ先生はいまもっとも注目される歴史家のひとり
- 「食べる」をめぐって常識を打ち破る見方を提供
- 〈哲学すること〉の楽しさ、奥深さが見えてくる
- 「食べる」についてのユニークな本や資料を紹介

藤原辰史 著

1,500円＋税
四六判並製、176頁

目次

●この本を手にとってくださった方へ／●登場人物紹介

〈第一の質問〉いままで食べたなかで一番おいしかったものは？

「おいしい」は一筋縄ではいかない／「食べる」はネットワークに絡めとられている／三輪トラックの荷台で食べたトウモロコシは最高！／答えのない問いを立ててみる　など

〈第二の質問〉「食べる」とはどこまで「食べる」なのか？

キッチンシンクのパフォーマンスから見えてきたこと／「食べる」と「入れる」の違いって？／人間の食と動物の食は同じ？　違う？／「食べる」ってどこまでが食べるなの？　など

お昼休憩のコラム「くさいこと」と「おいしいこと」

〈第三の質問〉「食べること」はこれからどうなるのか？

食べることは煩わしいことか／ゼリーやムースのような食事／無料食堂という試み／完全栄養の食品はすごくマズい？／見せるために食べる／食べものは感覚や欲望の交差点　など

【アフタートーク】からだに耳を澄ます
ＢＳＥと鳥インフルエンザの衝撃／わたしたちの世界の根底にある飢えへの恐怖／あたりまえのことを問い続けるスリリングさ／子どものほうが哲学の近くにいる／身体感覚を伴う問いの大切さ　など